KB017693

문제는 **리액션이다**

똑같이 대답해도 제스처가 다른 사람이 이긴다

# 문제는 리액션이다

| 전 경 우 지음 |

Reaction!

비전코리아

# Contents

# 리액션, 호감가는 사람들의 결정적 습관

"찰떡궁합"이라는 말이 있다. 찰떡이 착 달라붙는 것처럼 궁합이 잘 맞는다는 뜻이다. 요즘에는 "환상의 콤비"라는 말도 많이 쓴다. 눈빛만 봐도 알 수 있을 정도로 호흡이 잘 맞는 한 쌍을 그렇게 부른다.

축구나 농구선수뿐 아니라 개그맨이나 배우 같은 이들 중에도 환상의 콤비가 있다. 지금은 감독으로 활약하고 있는 농구 스타 허재, 강동희 씨도 한때 환상의 콤비로 코트를 누볐고, 국민 아버지라 불리는 최불암 씨와 국민 어머니로 사랑받는 김혜자 씨의 경우 전원 드라마에서 오랫동안 호흡을 맞춰 역시 환상의 콤비로 불렸다. 개그맨 이윤석, 서경석 씨도 신인 시절 콤비로 등장해 큰 인기를 모았다.

환상의 콤비들은 각자의 개성과 능력이 뛰어나기도 했지만 서로 주고받는 호흡과 리듬이 절묘했다는 공통점이 있다. 한쪽에서 치면 또 한쪽에서 멋지게 받아친다. 그러면 그걸 또 이쪽에서 멋지게 되돌려준다. 그렇게 탁구공을 치듯이 주거니 받거니 하면서 척척 호흡을 맞추는 것이다. 사람들은 그런 모습에 절로 빠져들고 마침내 훌륭한 콤비라며 박수를 보낸다.

아이작 뉴턴이 만든 물리 법칙 중 "작용과 반작용의 법칙"이라는 것이 있다. A라는 물체가 B라는 물체에 힘을 가하면 B 역시 A에게 똑같은 크기의 힘을 가한다는 것이다. 먼저 힘을 가하는 것이 작용Action, 되받아 치는 것이 반작용Reaction이다. 총을 쏘면 총이 뒤로 밀리거나 로켓이 날아가는 것도 작용과 반작용의 법칙으로 설명된다.

사람들 사이에도 작용과 반작용의 법칙은 적용된다. "가는 말이 고와야 오는 말이 곱다"거나 "눈에는 눈, 이에는 이"라는 말이 그러하다. 베푼 만큼 되돌려 받는 것이다. 액션과 리액션의 원리는 그뿐 아니라 어떤 일을 할 때 서로 주거니 받거니 적절하게 호흡을 잘 맞추는 것도 포함된다. 환상의 콤비라는 소리를 들을 수 있었던 사람들은 모두 액션과 리액션의 달인이었던 것이다.

먼저 힘을 가하는 액션도 중요하지만 리액션도 그에 못지않게 중요하다. 상황을 지배하고 이끌어나가는 경우보다 주어진 상황에서 순간적으로 대응해야 할 때도 많기 때문이다. 설사 어떤 모임이나 회의에서 주도적인 역할을 하는 사람이라 하더라도 예기치 못한 질문을 받거나 공격을 당할 수도 있다. 직장이나 가정에서도 마찬가지다. 확실히 주도권을 쥐고 있다고 여기고 있는 연인과의 사이에서도 그러하다.

현실적으로 우리 생활에서 액션과 리액션을 아주 엄격하게 구분하기는 어렵다. 닭이 먼저냐 달걀이 먼저냐 하는 식으로 누가 먼저 액션을 했는지 모호할 때가 많다. 누군가 은근히 신경을 건드렸다 치자. 어느 날 더 이상 참지 못하겠다며 분노를 폭발시켰을 때, 상대는 왜 화를 내느냐며 오히려 공격할 가능성이 높다. 이럴 경우 은근히 신경을 건드려온 쪽이 액션을 가한 것일까? 아니면 분노를 폭발시킨 사람이 액션을 취한 것일까? 애매하다. 우리 삶은 구분이 확실치 않은 액션과 리액션이 끊임없이 반복되고 있는 셈이다.

직장 생활을 막 시작하거나 대학교를 갓 졸업한 사회 초년생들은 새로운 환경에 적응하기가 쉽지 않다. 주어진 환경에서 끊임없이 액션이 들어오고 그럴 때마다 어떤 식으로 리액션을 취해야 할지 난감하기 때문이다. 리액션을 잘하게 되면 액션도 저절로 잘하게 된다. 그러므로 어떤 상황에서도 당황하거나 좌절하지 말고 멋진 리액션으로 어려움을 이겨낼 수 있는 힘과 지혜를 길러야 한다. 사회 초년병이 아닌 베테랑 중에서도 리액션이 서툴러 애를 먹는 사람이 있고, 수년 간 연애를 하고 가정을 꾸리면서도 리액션이 부족해 원만한 삶을 살지 못하는 이들도 많다.

어느 신문사 체육부장이 이렇게 소리쳤다.

"100미터 달리기 선수가 10초에 뛰면 기자는 9.9초에 뛰어야 합니다!"

이 말을 들은 부하기자들은 돌아서서 키득거렸다.

"9.9초에 뛸 수 있으면 선수를 하지 왜 기자를 하냐?"

기자가 100미터를 9.9초에 뛴다는 것은 어떻게 봐도 무리다. 하지만 체육부장이 말하고자 하는 것은 자세의 문제였다. 선수가 10초에 뛰면 그보다 앞서 결승점으로 달려가 가장 먼저 인터뷰를 하겠다는 각오로 일하라는 메시지였던 것이다. 여기에도 액션과 리액션의 지혜가 숨어 있다. 좋은 스포츠기자가 되기 위해서는 현장에서 선수의 액션에 언제든지 리액션할 준비와 각오를 하라는 것이다.

리액션을 잘하기 위해서는 평소 준비 자세가 필요하다. 아프리카 초원의 초식동물들이 풀을 뜯는 모습을 보면 그렇게 평화로울 수가 없다. 하지만 그 연약한 동물들은 잠시도 긴장을 늦추지 않는다. 풀잎이 구르는 작은 소리에도 귀를 쫑긋 세우고 바람결에 묻어오는 미세한 냄새에도 긴장한다. 언제 어디에서 맹수가 달려와 자신의 목숨을 앗아갈지 모르기 때문이다.

해마다 겨울이면 화려한 군무를 선보이는 가창오리 떼들도 모두가 일시에 머리를 박고 먹이를 쪼지는 않는다. 그 중 몇 마리는 반드시 사냥꾼이 오지 않을까 살핀다. 키 작은 미어캣은 동굴 앞에서 두 발을 들고 허리를 세운 채 망을 본다. 하늘에서 사나운 독수리가 덮쳐 오지는 않는지, 낯선 포식자가 다가오지는 않는지 두 눈을 동그랗게 뜨고 살피고 또 살핀다. 그러다 적이 나타나면 즉각 동굴로 숨어든다. 훈련되고 준비된 리액션인 것이다.

사람의 삶도 마찬가지다. 누구나 아프리카 초원에 버려진 연약한 초식동물이 될 수 있다. 아무리 킬리만자로의 표범이 되고 싶다며 소리를 질러도 현실은 하이에나 신세일 수도 있다.

세상을 호령하는 맹수 팔자라 하더라도 위험에 노출되기는 마찬가지다. 또 다른 경쟁자가 내 영역과 가족을 위협할 수 있고 내부에서 배신자가 생겨나 목줄을 쥘 수도 있다. 백수의 왕이라는 사자도 쥐한테 신세를 질 때도 있고 간교한 여우에게 속아 체통이 깎일 수도 있다. 들소의 뒷발에 차여 턱뼈가 부러지거나 옆구리가 찢어질 수도 있다.

아프리카 초원의 연약한 초식동물이든 천하를 호령하는 사자든 위험과 곤경에 빠질 가능성은 늘 존재한다. 계속해서 대비하고 훈련하지 않으면 안 된다. 어떤 상황에서도 당황하지 않고 리액션을 취할 수 있는 지혜와 힘을 길러야만 사회라는 정글에서 살아남을 수 있는 것이다.

2012년 여름

전경우

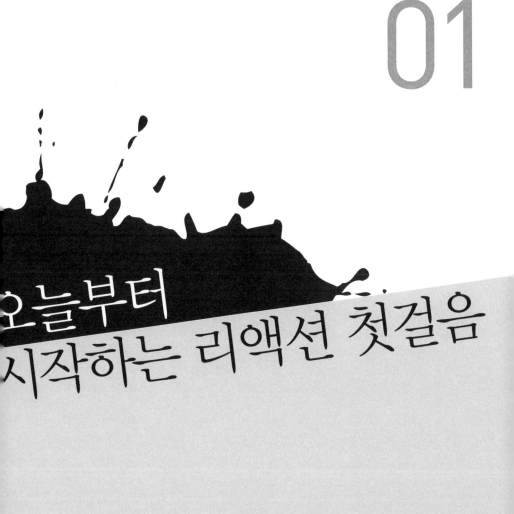

01

오늘부터
시작하는 리액션 첫걸음

# 미래에 대한 두려움
# 리액션으로 이겨라

하늘이 무너져도 솟아날 구멍이 있다고 했다. 아무리 어려운 상황이라도 해결책은 반드시 있다. 호랑이에게 물려가도 정신만 차리면 살수 있다고도 했다. 위기 상황에서 목숨을 건질 수 있는 것은 결국 정신력에 달려 있다.

직장 생활이나 사회생활을 하다보면 감당하기 어려울 정도로 난처한 입장에 처할 때가 있다. 대개 사람들과의 관계에서 비롯되는 어려움 때문이다. 늘 내 편이 되어 이해해 주고 도와주는 사람만 있는 것이 아니다. 오히려 그런 사람들을 만나는 것이 더 어렵다. 결국 사람들과의 갈등을 잘 해결하고 그들로부터 야기되는 어려움을 잘 이겨내는 것이 사회생활을 잘하는 것이다.

당신을 곤란하게 만드는 사람들을 만났을 때 어떻게 행동하는가? 앞뒤 가리지 않고 그야말로 묻지도 않고 따지지도 않고 하고 싶은 말을 다 해버리고 마는가? 그렇게 해서 화끈한 성격의 소유자로 멋있다는 소리를 듣는가? 물론 그럴 수도 있겠지만 그 때문에 후회하는 일도 많을 것이다. 사실 사람은 누구나 제 성질대로 화끈하게 퍼부어 버리기를 원한다. 하지만 많은 경우 그렇게 하는 것이 당장은 속이 시원할지 몰라도 이내 큰 화를 입거나 인격이 성숙하지 못하다는 비난을 받을 수도 있다.

반대로 좋은 게 좋다는 식으로 매사 참고 지내는 사람도 있다. 만성 두통과 소화불량에 시달리면서도 싫은 내색을 하지 않고 결코 반대하거나 거절하는 법이 없다. 도대체 무엇 때문에 참고 또 참으며 고통을 견디는 것일까? 상사의 눈 밖에 나서 해고되거나 다른 부서로 쫓겨 가지는 않을까, 버릇없는 사람으로 찍혀 평판이 나빠지는 것은 아닐까, 섣불리 나섰다가 망신만 당하는 게 아닐까 등 갖가지 이유가 있을 것이다.

누구나 그러한 두려움이나 걱정을 가지고 산다. 다만 정도에는 차이가 있다. 그런 점들을 미리 염두에 두고 처신하면 최악의 상황으로 빠져드는 것은 방지할 수 있다. 하지만 두려움이나 걱정이 지나치면 오히려 위험한 상황에 빠져들 수 있다. 불이익이나 차별을 받으면서도 당당하게 잘못을 지적하고 권리를 주장하지 못하게 되면, 사람들은 당신을 더욱 얕잡아 보고 그런 상황을 당연하게 생각할 것이다.

단기간의 문제라면 얼마든지 인내해도 괜찮다. 인생을 살다보면 때로는 마른하늘에서 날벼락이 떨어지기도 하니까. 하지만 그것이 언제 종료될지 알 수 없을 정도로 지속적이고 반복적이라면 이야기가 달라진다. 상황을 아예 바꿀 수는 없을지라도 나에게 닥치는 불편함과 불이익을 최소화하기 위해 적극적으로 나서야 한다.

## / 명품 리액션을 위한 워밍업

사람들이 불합리한 상황에 처하거나 곤경에 빠졌을 때, 적극적인 리액션으로 빠져나오지 못하는 것은 대개 실직이나 해고, 계약의 파기, 기회의 상실 등 지극히 현실적인 이유 때문이다. 이 외에도 심리적인 요인도 작용하는데 그 첫째가 인정받고자 하는 욕구다.

사람들은 누구나 상사로부터 선생으로부터 동료들로부터 혹은 대중으로부터 인정받고 싶어 한다. 인정받음으로써 자존감을 지키고 삶에 대한 의지도 키워나간다. 반대로 인정받지 못하면 소외감을 느끼고 자신감을 잃는다. 가정에서는 이혼을 당할 수도 있다. 때문에 누구나 인정받지 못하는 것에 대한 두려움을 안고 산다.

분명히 잘못된 상황임에도 입을 꾹 다물고 참고만 있는 경우 '혹시 나섰다가 인정받지 못하면 어떻게 하나' 하는 두려움 때문일 가능성이 높다. 나서서 분명하게 말하고 잘못을 고치면 자신에게 이익이 되는 것은 물론 조직의 발전에도 도움이 되는데도 모른 척하고 넘어가는 것이다.

두번째 이유는 불편함을 견디지 못하기 때문이다. 내가 참으면 아무 탈 없이 넘어갈 텐데 괜히 긁어 부스럼 만드는 것은 아닌지 걱정하는 것이다. 괜히 나섰다가 상대가 화를 내면 분위기가 엉망이 될 것이고 그런 불편한 상황을 야기한 것에 대한 죄책감은 견디기 힘들다. 특히 상대가 분노를 잘 다스리지 못하는 사람일 경우 별것 아닌 말에도 분노를 폭발할 가능성이 크다. 때문에 아예 처음부터 불씨를 만들지 않겠다는 심정으로 입을 다물어 버리는 것이다.

세번째 이유는 지나친 책임감이다. 문제가 생길 때마다 혹시 내 잘못 때문 아닌가 노심초사하는 사람들이 있다. 책임감이 강한 것은 더없이 좋은 미덕이다. 하지만 모든 일에 자신이 책임을 져야 한다며 끙끙거리는 것은 옳지 않다. 그리스 신화에 나오는 거인신 아틀라스처럼 세상 모든 책임을 다 혼자 짊어지겠다는 듯 헉헉대는 것이 과연 바람직한 일일까?

상대에 대한 지나친 연민과 동정심도 문제다. 약한 사람을 배려하고 도와주는 것은 당연히 권장할 만한 가치다. 하지만 감정에 치우쳐 사리 판단을 잘하지 못하면 일을 망칠 수 있다. 중요한 문제를 앞두고 상대에게 연민을 느끼거나 도와주지 않으면 안 되겠다며 결정을 미루는 경우가 있다. 이런 때는 실제로 상대가 이쪽의 도움을 받아야 할 정도로 어려움에 처해 있을 수도 있지만, 의도적으로 동정심을 불러 일으켰을 가능성도 있다.

네번째는 자신을 믿지 못하기 때문이다. 상대가 항상 우월하고 현명하다는 생각에 사로잡혀 그가 무슨 짓을 하더라도 괜찮다고 착각하는 것이다. 자신을 무시하고 조롱하는 것은 물론 정당한 대가나 몫까지 빼앗기면서도 '저 사람은 나보다 똑똑하니까' 하며 체념해 버린다. 누가 봐도 자신이 처한 상황이 불합리하거나 부당한 대우를 받고 있는 것이 분명하고 자신도 그걸 잘 알고 있는데도 나서지 않는다. 지식과 양심, 도덕적 가치 등에 대한 자신감이 부족하기 때문이다. 남의 이야기나 판단, 결정을 신뢰하면서도 정작 자신은 믿지 못하는 것이다.

하지만 이런 것들은 사실 아무것도 아니다. 이런 심리적인 요인들은 현실적인 문제 즉, 실직이나 계약 파기, 승진 기회의 상실 등 현실적인 문제들보다 더 심각하게 고려되어야 하는 것은 아니다. 이런 심리적인 요인들은 마음먹기에 따라 얼마든지 없애거나 약화시킬 수 있다. 당신을 괴롭히고 곤경에 빠뜨리는 사람들에게 멋지게 한 방 먹이고 싶지 않은가? 그러기 위해서는 마음속에 자리잡고 있는 이런 심리적인 요인들을 차내 버리지 않으면 안 된다.

## 적극적인 리액션을 방해하는 심리적 요인

1. 인정받지 못할까 봐 두렵다

2. 불편한 분위기가 싫다

3. 상대에 대해 터무니없는 동정과 연민을 갖는다

4. 자신의 가치와 지식, 양심을 믿지 않는다

## 적극적인 리액션을 위한 다짐

1. 나의 양심과 지식, 경험을 소중하게 여기고 신뢰한다

2. 나의 업무를 더 잘해 나가고 싶은 열망을 잃지 않는다

3. 나는 상대의 부당한 대우에 맞설 만큼 인격적인 존재다

4. 나는 두려움 때문에 맞서는 것을 포기하지 않는다

5. 나는 리액션을 해야 하는 이유를 알고 있다

# / 걱정에는 실행만이 답이다

부당한 상황에 처해 있으면서도 적극적으로 대응하지 못하는 것은 실직과 기회의 상실 등 현실적인 이유와 자신에 대한 신뢰 부족 등 심리적인 요인 때문이다. 그렇다 하더라도 대응하지 않으면 상황이 점점 나빠지거나 악순환이 계속된다면 마냥 참고 있을 수만은 없다. 무조건 참고 인내하게 되면 자신의 발전에도 도움이 되지 않는다. 극심한 스트레스로 몸과 마음이 망가지기도 한다. 또한 꿈과 목표를 잃고 방황하는 신세가 될 수도 있다. 참는 것이 능사가 아니다.

그렇다고 무턱대고 나서서는 안 된다. 전략이 필요하다. 자칫 잘못하면 실직이나 기회의 상실 등 우려했던 문제가 현실로 다가올 수 있다. 적극적으로 대응해야 하는 것은 그러한 위험들을 사전에 막고 좋은 결과를 얻어내기 위함이다. 그런 것들을 기꺼이 감내할 생각이라면 나설 필요가 없다. 차라리 직장을 그만두든지 다른 부서로 이동하는 편이 나을지도 모른다.

나서야 한다면 왜 나서야 하는지 분명한 이유가 있어야 한다. 만약 출근해서 퇴근할 때까지 쉼 없이 일하는데도 상사가 잘 몰라주고, 심지어 상사의 눈치만 보며 요령을 피우는 동료가 오히려 편안하게 지내고 있다면 일할 맛이 나지 않을 것이다. 그렇다고 불쑥 나서서 아무개는 뺄질거리고 나는 죽도록 일한다고 하소연하자니 고자질이나 하는 덜 떨어진 사람으로 보이지나 않을까 걱정된다. 우물쭈물하는 사이 시간은 흘러가고 그럴수록 의욕은 떨어지고 직장이 싫어지기 시작한다. 자, 누구 손해인가?

이럴 경우 잘 생각해야 한다. 열심히 일하는데도 인정받지 못하는 것이 과연 사실인가? 인정받고자 하는 욕구가 너무 크기 때문은 아닐까? 동료가 눈치만 살피며 요령을 피우는 것은 과연 사실인가? 동료는 나름대로 열심히 일하고 있는 것 아닐까? 혹시 내가 경쟁심이 지나쳐 과민하게 반응하고 쓸데없는 피해의식을 갖고 있는 건 아닐까?

이처럼 상황을 제대로 파악하기 위한 사실fact, 팩트확인을 먼저 해야 한다. 팩트를 정확하게 찾아낸 다음 그것에 대한 가치판단이 이뤄져야 한다. 가치판단이란, 옳고 그름이나 중요도 등을 따져 그것이 가지고 있는 가치를 객관적으로 판단하는 것이다.

이것은 굉장히 중요한 문제다. 협상이 됐든 광고가 됐든 신문이나 방송의 기사에서도 마찬가지다. 팩트가 틀리면 가치판단은 더 들을 필요도 없다. 실수로 사실이 아닌 것을 사실이라고 잘못 알게 되는 수도 있지만, 처음부터 사실이 아닌 것을 사실인 것처럼 해 상대를 속이면 사기다. 자신에게 한정된 문제도 마찬가지다. 사실 확인이 정확해야 가치판단과 그에 대한 전략 수립과 실행이 올바르게 이뤄질 수 있다.

자, 그렇다면 위에서 열거한 의문들에 대한 팩트 확인은 가능한가?

물론 가능하다. 자신이 하는 일과 동료가 하는 일에 대한 계량적 데이터를 비교하면 된다. 하루 고객 상대 건수, 판매량 혹은 상담량 등 수치로 가능한 데이터를 뽑아 비교해 보자. 여기에 정성적 가치 즉, 수치로 나오지는 않지만 고객의 만족도 등을 점수로 매겨 객관적으로 확인할 수 있다. 그리고 그러한 것들이 인사고과에 제대로 반영되었는지, 상여금이나 연봉 등 임금 협상에서 자료로 충분히 활용되고 있는지 등을 체크하면 된다.

만약 팩트가 분명하고 그것이 인사고과 등에 제대로 반영되지 않아 합당한 보상이 이뤄지지 않고 있다면 어떤 식으로든 대응을 해야 한다. 팩트를 입증할 데이터를 충분히 챙긴 후에는 누구와 면담할 것인지 정한다. 바로 위 상사가 객관적이고 합리적인 판단을 할 수 있는 사람이라면 그 사람과 면담하는 것이 맞다. 하지만 그 상사가 폭군 기질이 있거나 편견으로 똘똘 뭉쳐 자신이 대응을 할 수 밖에 없는 상황으로 몰고 간 장본인이라면? 그렇다 하더라도 먼저 부딪쳐야 한다. 그래도 도저히 안 되겠다 싶으면 더 윗선으로 올라가 면담하는 수밖에 없다. 이런 절차를 차례로 밟아야 적어도 조직의 룰을 깨트리지 않는 인격을 갖춘 사람이라는 평가를 받고 면담에서도 좋은 결과를 얻을 수 있다.

대응을 하기 앞서 마음가짐을 잘해야 한다. '혹시 잘못되면 어떻게 하지' 하는 두려움이 생긴다면 과감하게 없애자. 객관적인 팩트와 그에 따른 가치판단을 통해 대응하지 않으면 안 된다는 확신을 얻은 경우라도 막상 부딪치려고 하면, 두려움이나 걱정이 밀려오기 마련이다.

그러나 대응해야겠다는 확신을 얻은 이상 행동해야 한다. 잘될 것이라 주문을 외우고 자신의 대응이 너무나 당연하며 결코 실패하지 않을 것이라 확신해야 한다. 부정적인 생각을 하면 실제로 부정적인 방향으로 흘러갈 수 있다. 세상 일이 다 마음먹은 대로 되지 않는다고 하지만 실제로는 마음먹은 대로 되는 경우가 더 많다.

**명품 리액션을 위한 준비 단계**

1. 왜 대응을 해야 하는지 이유를 찾아라

2. 팩트 확인 후 가치판단을 하라

3. 대응의 근거가 될 데이터를 확보하라

4. 마음속 걱정과 두려움을 없애라

## / 경청만 잘해도 반이다

### 잘 듣지 못하는 이유

사람의 입은 하나인데 귀가 둘인 것은 말하는 것보다 듣기를 두 배 하라는 뜻이라고 탈무드에서 말한다. 사실 인간만이 귀가 두 개, 입이 하나인 것은 아니다. 그럼에도 그렇게 이야기하는 것은 대화를 통해 커뮤니케이션을 하는 사람에게는 듣기가 말하는 것보다 훨씬 중요함을 강조하고 싶었기 때문이다.

만약 두 사람 사이에 문제가 생겼다면 상대와 내가 처한 상황을 정확하게 파악하는 것이 우선이다. 내가 느끼는 감정이나 처지만 생각하고 거기에 몰입하다 보면 전체 상황을 파악하지 못할 수 있다. 상대를 알고 나를 알아야 이길 수 있다. 나만 알고 상대를 모르면 이길 확률이 낮아진다. 상대를 알기 위해서는 상대의 말을 잘 들어야 한다. 경청의 이유가 바로 거기에 있다. 경청傾聽이란, 귀를 기울여 듣는 것이다.

그러나 세상을 살아가다 보면 도무지 남의 이야기를 못 듣는 사람들이 있다. 상대의 말을 잘 듣지 않는 것은 첫째, 무시하기 때문이다. 상대가 무슨 소리를 하든 들을 가치가 없다고 생각하는 것이다. 들어봐야 짜증이 날 게 뻔하고 공연히 시간만 낭비한다고 여긴다. 상대가 그전에도 매번 시간 낭비일 뿐인 소리만 했던 사람이라면 큰 문제가 없다. 하지만 상대에 대해 모르는 상태에서 제대로 들어보지도 않고 들을 가치가 없을 거라 섣불리 판단한 경우라면 문제다.

상대의 말을 듣지 않는 두번째 이유는 내가 하고 싶은 말만 생각하기 때문이다. 상대가 무슨 말을 하든 내 알 바 아니고 나는 단지 하고 싶은 말만 해야겠다고 생각하는 것이다. 상대가 아무리 열심히 말을 해도 자신의 할 말만 생각할 뿐이다. 상대의 말이 끝나고 내가 말할 기회가 오기만을 기다리는 것이다. 심지어 상대가 말을 마치기도 전에 속사포처럼 퍼붓기도 한다. 객관적으로 명백한 상황에서 상대가 변명을 늘어놓는다면 그럴 수도 있다. 하지만 그런 것은 예외적인 상황이다.

상대의 말에 귀를 기울이지 않는 세번째 이유는 바쁘기 때문이다. 당장 눈앞에 할 일이 산더미처럼 쌓여 있어 상대의 말에 귀 기울일 여유가 없는 것이다. 상대가 막 꺼내려 하고 있는 화제가 훨씬 중요하고 급박한 일일 수도 있다. 그럼에도 당장 산적한 일들을 생각하느라 아예 관심조차 갖지 않는 것이다.

경청하지 못하는 네번째 이유는 본질을 꿰뚫지 못하기 때문이다. 화제의 중심을 잡지 못해 무슨 이야기를 이끌어가야 할지 자신이 없을 때, 혹은 상대가 하는 말뜻을 알아듣지 못해 건성으로 듣는 척하는 것이다. 중요한 협상이나 계약을 위한 자리에서 상대의 의도를 알아채지 못하고 핵심을 놓쳐버리면 큰 문제가 아닐 수 없다.

상대의 말을 잘 못 알아듣겠으면 "다시 한번 설명해 주시겠습니까?", "이런 뜻으로 이해해도 될까요?" 하고 물으면 된다. 하지만 체면이 상할까 봐 혹은 상대의 기분을 상하게 할까 봐 입을 다무는 수가 있다. 나중에 일이 잘못되어 돌이킬 수 없는 상황이 되고 그때 가서 가슴을 치고 후회해 봤자 아무 소용이 없는데도 말이다.

## 남의 말을 잘 듣지 않는 이유

1. 상대를 무시한다

2. 내가 하고 싶은 말만 생각한다

3. 바쁘다는 핑계로 들을 여유가 없다

4. 화제의 핵심을 놓치고 있다

## 잘 듣기 위한 단계별 전략

첨단 커뮤니케이션 기술이 발달할수록 소통의 중요성은 더욱 강조된다. 속도를 무기로 한 기술들이 비즈니스와 생활 속으로 파고들고 있다. 정신없이 쏟아져 들어오는 정보와 요구에 신속하고 정확하게 리액션하지 않으면 낙오되거나 소외될 수 있다. 멋진 리액션의 첫걸음은 잘 듣는 것이다.

잘 듣는 것도 습관이다. 평소 이 습관을 들인 사람이 결국 이긴다. 상황을 지배하기 위해서는 먼저 파악해야 한다. 그러기 위해서는 상대의 의도나 감정 등을 알아야 하므로 말을 잘 들어야 한다.

잘 듣는다는 것은 참을성이 있다는 말이다. 상대의 말에 화를 내거나 인상을 쓰지 않고 귀를 기울일 수 있다는 것은, 스스로를 통제할 수 있는 능력이 있다는 말이다. 그만큼 훈련이 필요하다는 뜻이기도 하다. 경청할 수 있다는 것은 인격적으로도 훌륭하다는 의미다. 상대의 눈높이에 맞출 줄 아는 유연성, 상대를 이해하려는 배려심, 상황을 좋은 방향으로 이끌려는 진정성이 없으면 경청은 불가능하다.

회사에 입사한 지 벌써 3개월이 지난 미영 씨. 복사나 잔심부름 따위가 지겨워질 때다. 마침 상사인 한 과장이 솔깃한 제안을 한다.

"미영 씨, 다음 주 수요일 오후 3시에 대한물산 업무 제휴 미팅이 있으니까 회사 소개서 준비하도록 해요. 참, 윤주 씨도 같이 갑니다."

미영 씨는 그날부터 회사 소개서를 업그레이드하는 것은 물론, 의상과 헤어스타일까지 완벽하게 준비했다.

'너무 어려 보이지는 않을까? 무시당하지는 않을까?'

거울 앞에서 수십 번도 넘게 안경을 꼈다 벗었다. 메이크업에도 엄청 공을 쏟았다. 대한물산에 대한 공부도 열심히 했다. 무엇보다 입사 동기이자 은근한 라이벌인 윤주 씨가 신경이 쓰였다.

드디어 미팅 날, 미영 씨는 커리어우먼의 자태를 뽐내며 대한물산에 도착했다. 회의실에서 간단한 인사를 나누고 이야기를 주고받기 시작하는데…….

어라? 이상하다. 대한물산 최 대리는 내내 한 과장과 윤주 씨만 바라보며 이야기를 나누는 게 아닌가! 분명히 윤주 씨도 대한물산에는 첫 방문이고 최 대리와도 처음 만난 자리다. 혹시 자리 문제인가 싶었지만 셋 다 최 대리를 마주보고 있는 상황이다.

미영 씨는 최 대리의 이야기가 더 이상 귀에 들어오지 않는다. 도대체 왜 자신만이 대화에서 낙오된 것 같은 기분을 느껴야 하는 걸까?

그러고 보니 다 이유가 있었다. 한 과장과 윤주 씨는 평소보다 눈을 더 크게 뜨고 고개를 끄덕이며 '잘 알겠다'는 표시를 하고 있었다. 때로는 미소를 지어 보이기도 하고 "아, 그렇군요!" 하며 맞장구를 치기도 했다. 윤주 씨는 특히 열심히 메모를 했다.

그랬다. 라이벌 윤주 씨는 대화에서의 리액션을 할 줄 알았던 것이다. 대화를 할 때 성공적인 리액션을 하기 위한 첫걸음은 바로 잘 듣는 것이며, 잘 듣는다는 것이 어떤 것인지, 너무나 잘 알고 실행하고 있었던 것이다.

듣는 것에도 등급이 있다. 귓등으로 듣는 것 즉, 듣는 시늉만 할 뿐 전혀 듣고 있지 않은 상태가 가장 낮은 단계다. 상대가 열심히 말을 하고 있는데도 마음은 딴 곳에 가 있는 경우다. 말하는 사람의 입만 바라볼 뿐 정작 상대가 말하고 있는 내용에는 관심이 없는 것이다. 마치 볼륨을 완전히 줄인 상태에서 TV를 보는 것과 같다.

이런 경우 대개 말하는 쪽이 과연 무슨 말을 하고 싶어 하는지 처음부터 관심이 없다. '나는 당신이 무슨 말을 하든 절대 듣지 않을 거야!'라는 식으로 마음의 빗장을 걸어 잠근다. 그러다가 상대의 말이 끝나기 무섭게 하고 싶은 말을 쏟아 붓는다. 아니면 무심한 표정으로 자리를 떠나버린다. 그걸로 끝이다.

듣기의 두번째 단계는 내가 듣고 싶은 것만 듣는 것이다. 선택적 인지라는 것이 있다. 알고 싶은 것만 알려 한다는 것인데 이와 같은 맥락이다. 사람은 누구나 자신에게 유리한 쪽으로 상황을 이해하려 하거나 유도하려는 경향이 있다. 대화를 할 때도 마찬가지다. 상대의 의도와 상관없이 자신에게 유리한 방향으로 해석해 받아들이려고 하는 것이다.

객관적인 상황으로 보면 멋진 대화 장면을 연출한다. 한쪽에서는 열심히 말을 하고 상대가 고개를 끄덕이거나 대꾸를 하며 호응을 해준다. "알겠습니다", "그렇군요" 하면서 상대의 말을 잘 이해하고 받아들이는 것처럼 보인다. 하지만 이런 경우에도 듣는 쪽의 마음은 보기와 다르다. 겉으로는 완벽하게 호응하는 것처럼 보이지만 정작 마음속에서 한쪽 귀는 닫고 있다.

오늘 밤 근사한 데이트 약속이 있는 박 대리. 중요한 프로젝트 건으로 다른 회사 직원인 이 과장과 미팅 중이다. 이 과장은 프로젝트를 어떤 방향으로 진행할지, 또 박 대리로부터 어떤 업무로 서로 협력을 해야 할지 등에 대해 구체적으로 설명하고 양해를 구한다. 박 대리는 시종 고개를 끄덕이고 호응을 하는 것처럼 보이지만 사실 그의 마음은 오늘 있을 데이트에 온통 쏠려 있다. 그저 시늉만 할 뿐 이 과장의 말을 완벽하게 이해하고 받아들이지 않고 있다.

이 과장은 "프로젝트 3단계에서 예상되는 장애와 그것을 극복할 수 있는 방안을 모색해서 다음 번 미팅에서 함께 의논했으면 합니다. 그리고

그때는 저희 회사 사장님도 함께 모시고 나오겠습니다. 양쪽 사장님께서 계약에 최종 합의하고 서명하도록 했으면 합니다" 하고 마무리 짓는다. 박 대리는 알겠다며 씩씩하게 대답했다. 하지만 그는 다음 미팅 때 양쪽 회사의 사장이 만나 계약서에 최종 서명한다는 사실만 기억할 뿐, 프로젝트 3단계에서 발생할 장애와 관련된 정보는 기억하지 못했다. 미팅을 마치고 회사에 돌아가는 내내 박 대리의 마음에는 데이트만 가득 차 있을 뿐이다.

가장 잘 듣는 단계는 대화 당사자 간의 완벽한 액션과 리액션이 이뤄지는 것이다. 마치 환상의 콤비가 주거니 받거니 하면서 척척 호흡을 맞춰 관객을 빨아들이는 것처럼 대화를 이끌어가는 것이다. 겉으로 드러난 말의 의미는 물론 그 속에 감춰진 다른 뜻까지 파악하고 이해하는 것이다. 진심으로 내면의 목소리까지 들을 수 있는 단계다.

듣기의 최고 단계에 오르기 위한 첫번째 조건은 상대에 대한 존중이다. '당신이 무슨 말을 하든 나는 상관하지 않겠어', '나는 결코 당신의 말에 넘어가지 않을 거야', '당신이 얼마나 말을 잘하는지 한번 보자고' 이런 생각들은 결코 상대를 존중하는 것이 아니다. 처음부터 마음속에 방어벽을 쳐버리면 성공적인 대화를 기대하기 어렵다. '자, 무슨 말을 하고 싶은지 들어볼까요?', '당신이 어떤 처지인지 알고 싶어요', '제가 무엇을 어떻게 도와드려야 할까요?' 등의 열린 마음으로 다가서야 상대의 말에 집중할 수 있다.

대화에 집중하는 것도 중요하다. 박 대리처럼 오늘 밤 데이트에 온 신경이 쏠려 있으면 대화에 몰입하기 힘들다. 겉으로만 대화에 집중하는 것처럼 보이고 속으로는 엉뚱한 생각을 하고 있으면 결과는 뻔하다. 대화의 핵심을 놓치거나 중요한 정보를 빠트릴 가능성이 높다.

끝까지 들을 수 있는 인내심도 필요하다. 호시탐탐 자신이 말할 기회만 기다려도 안 된다. 그렇게 되면 상대가 말하고자 하는 내용을 온전하게 알아들을 수 없다. 내 마음속에는 하고자 하는 말만 가득 차 있어 상대의 말이 들어올 틈이 없는 것이다.

반대로 상대가 자기 말만 폭포처럼 쏟아내고 그 때문에 짜증이 날 수도 있다. 그렇다고 중간에 말을 끊으면 안 된다. 하고 싶은 말을 다 쏟아낼 때까지 기다려야 한다. 그렇지 않으면 그는 내가 무슨 말을 해도 들으려 하지 않을 것이다. 왜냐하면 그런 사람들은 자신이 하고 싶은 말을 다하기 전까지 아무 말도 듣고 싶어 하지 않기 때문이다. 가슴 속에 것들을 속 시원해 비워내고 나면 상대는 비로소 '그래. 그렇다면 당신이 하고 싶은 말이 뭐야?', '뭐 할 말이라도 있는 거야?', '내 말 뜻을 알아듣겠어?'라는 생각이 들 것이고 내 말에 귀를 기울일 것이다. 그러니 상대가 내 말을 들을 마음 속 여유를 만들어 주기 위해서는 끝까지 들어주어야 한다.

뜻을 잘 헤아리면서 들어야 한다. 상대의 의도와 말하고자 하는 내용을 완전하게 이해하는 것이 중요하다. 내가 하고 싶은 말이 있더라도 상대의 말을 듣고 상황을 이해한 다음 해야 한다. 원래 하고자 했던 말을 하는 것이 좋을지, 상대의 말을 통해 새롭게 이해한 상황에 적합하도록 말의 내용과 형식을 바꾸는 것이 좋을지 판단하자.

상대가 말하는 것을 통해 내가 그전까지 알고 있던 내용과 상황이 다르다는 것을 알게 되었다면 얼른 대화의 방향을 바꾸자. 대화의 목적은 상대의 마음을 얻어 설득하는 것이다. 설득이란 내가 하고자 하는 말을 전달하는 데 그치는 것이 아니라 그것을 상대가 납득하고 공감하도록 하는 것이다. 그러기 위해서는 서로가 알고 있는 사실과 처한 상황에 대한 이해와 공감이 우선되어야 한다.

처음부터 결론을 내리지 않아야 한다. 물론 전체적인 틀과 전략은 준비하는 것이 좋다. 하지만 결론은 이러이러해야 한다는 식으로 상황을 못 박아버리면 대화가 순조롭게 진행되기 어렵다. 대화를 이끌어 갈 틀과 달성하고자 하는 목표 등 전략을 마련하되, 실제 대화를 통해 얼마든지 융통성 있게 탄력적으로 변화할 수 있다는 마음이 필요하다. 애초 마음속에 정한 대로만 대화를 이끌어가려 하면 앞뒤가 꽉 막힌 고집불통처럼 보이고 그래서는 상대로부터 신뢰를 받지 못한다. 이런 상태라면 성공적인 결과를 기대하기도 힘들다.

누구나 인정받고 존중받고 싶어 한다. 그러므로 대화를 할 때도 인정하고 존중한다는 표시를 해야 한다. 진심이 아닌 줄 알면서도 칭찬을 들으면 기분이 좋아지는 것이 사람의 심리다. 대화 도중 "아, 그렇군요!", "정말 훌륭한 생각이십니다!", "정말 예리하십니다!", "정말 따뜻한 마음을 가지고 계십니다!", "진심으로 감동받고 있습니다!" 이런 추임새를 듣고 기분이 나빠질 사람은 없다.

대화를 시작하기 전에 미리 칭찬을 해줌으로써 상대의 기분을 좋게 하면 이미 절반의 성공을 거둔 셈이다. "오늘은 참 멋져 보이십니다!", "스카프가 잘 어울리십니다!", "패션 감각이 정말 뛰어나신 것 같습니다!" 이렇게 만나자마자 감탄어린 표정으로 칭찬을 해주자. 칭찬을 듣는 순간 상대의 몸속에 엔도르핀이 마구 솟아날 것이다.

표정 관리도 중요하다. 상대가 듣기 거북한 말을 한다고 해서 인상을 구기거나 불쾌한 표정을 지어서는 곤란하다. 열린 마음으로 듣겠다는 생각을 하면 상대가 하는 어떤 소리도 덤덤하게 받아들일 수 있다. '그래. 당신의 마음을 이해해', '그래 내가 다 들어준다' 마음속으로 이렇게 스스로를 달래고 도저히 참을 수 없는 상황이 되면, 화제를 슬쩍 바꾸거나 물이나 차를 마시면서 마음속 쉼표를 찍도록 하자.

대화 도중 메모하는 습관을 들이는 것도 좋다. 상대의 말을 잘 듣고 있다는 인상을 줄 뿐 아니라 실제로 대화를 잘 이끌어가게 도와준다. 메모를 통해 상황을 정리하다 보면 대화가 자연스럽게 이어지고, 나중에는 자료로도 훌륭한 가치가 있다.

잘 듣기 위해서는 내비게이션 역할도 할 줄 알아야 한다. 상대가 감정에 치우쳐 주제와 벗어나거나 미팅의 목적과 상관없는 말을 계속하면 방향을 잡아줄 필요가 있다. "예, 그건 잘 알겠습니다. 조금 전 말씀하신 그 내용으로 돌아가 다시 설명해 주시면 고맙겠습니다", "예, 그렇군요. 그런데 우선 조금 전 말씀하신 그 내용부터 먼저 의논하는 게 좋을 것 같습니다" 이와 같은 말을 해주는 것이다. 상대가 자신의 말을 중간에 끊고 방해한다고 생각하지 않으면서, 효과적인 대화를 이끌어가기 위해서는 이처럼 슬쩍슬쩍 가이드 역할을 해야 한다.

대화에서 가장 성공적인 마무리 리액션은 바로 상대가 듣고 싶어 하는 말을 하는 것이다. 하고 싶은 말을 했다고 대화를 잘한 것이 아니다. 아무리 하고 싶은 말을 원 없이 했더라도 상대가 이해하지 못하거나 받아들이고 공감하지 못했다면 아무 소용이 없다. 상대가 진심으로 듣고 싶어 하는 말이 무엇인지 알아야 한다. 내가 무엇인가를 해주어야 하는 건지, 상대가 무엇인가를 받고 싶어 하는 건지, 아니면 자신의 마음을 이해하고 알아달라는 건지 정확히 알아채야 한다. 그러기 위해서는 잘 들어야 한다.

1. 상대를 존중하라

2. 대화에 집중하라

3. 인내심을 갖고 끝까지 들어라

4. 뜻을 헤아리며 들어라

5. 대화에 융통성을 가져라

6. 칭찬하고 감탄하라

7. 표정을 관리하라

8. 종종 메모하라

9. 대화의 내비게이션 역할을 해라

10. 상대가 듣고 싶은 말이 무엇인지 알아차려라

## / 상황을 지배하는 말하기

성공적인 대화를 위해서는 먼저 충분히 들어야 한다. 상대의 말을 충분히 들었다면 그것을 통해 무엇을 얻었는지 판단한다. 내가 모르거나 잘못 알고 있는 사실을 제대로 알았거나 바로 잡을 수 있게 되었나? 상대의 처지와 형편이 어떠한지 알게 되었나? 상대의 의도와 진심은 무엇이며 대화를 어떻게 이끌어나갈 것이며 또 무슨 의견을 낼 수 있을지 판단이 섰나? 그렇다면 이제 말을 할 차례다.

## 대화의 주도권을 잡아라

2002년 월드컵에서 대한민국을 사상 최초 4강으로 이끈 히딩크 감독은 훌륭한 스포츠 심리전문가이자 체육교사이기도 하다. 그가 즐겨 썼던 말 중 하나가 "상황을 지배하라"는 것이다. 선수들이 의도대로 상황을 이끌어나갈 수 있도록 그라운드를 지배하라는 의미다. 상대의 플레이에 끌려다니는 것이 아니라 자신의 스타일과 전술에 따라 플레이를 하라는 것인데, 그것을 위해서는 우선 정신력 즉, 마음가짐이 필요하다.

평소 연습하고 익힌 대로 플레이를 펼치고 승리하기 위해서는 자신감이 필요하다. 상대의 페이스에 말리지 않고 나 자신 그리고 우리 팀의 플레이를 펼칠 수 있다는 자신감이 있어야 한다. 대화를 할 때도 마찬가지다. 상대의 의도와 스타일에 휘둘려 정작 내가 하고 싶은 말을 하지 못하거나 엉뚱한 방향으로 끌려다녀서는 안 된다. 그러기 위해서는 대화의 우선권 즉, 상황을 지배할 수 있다는 자신감을 가져야 한다.

어느 과학수사팀 수사관이 연쇄 살인범과의 첫 대면 경험을 털어놓은 적이 있다. 체포된 연쇄살인범을 면담하기 위해 방문했을 때, 살인범은 대뜸 "나랑 인터뷰하러 왔으면 음료수라도 하나 사와야 하는 것 아니냐"고 말했다. 그때 수사관은 이렇게 대답했다.

"너랑 음료수 마시러 온 게 아니다."

만약 그 0.2초 사이에 '뭐 마실래?'라고 답했다면 살인범과 수사관의 관계는 역전되었을 것이다. 살인범이 음료수를 사오라는 것은 상대를 통제하기 위함이다. 연쇄살인범은 사람을 통제하려는 습성이 강하다. 그래서 아동이나 여성을 통제하는 것에서 자존감을 찾는다. 물론 평범한 사람들에게는 잘 해당되지 않는 상황이다. 그렇지만 상황을 지배한다는 것이 무엇인지 극단적으로 보여주는 장면임에는 틀림없다.

그렇다고 대화에서 상황을 지배한다는 것이 이처럼 상대의 기를 죽여 압도한다는 의미만은 아니다. 비즈니스 세계에서 부드럽고 예의 바른 가운데서도 대화의 주제와 핵심을 놓치지 않고 최상의 결과를 얻어낼 수 있는 여유와 자신감을 갖는다는 뜻이다.

대화의 주도권을 쥐기 위해 우선 상황 판단을 잘해야 한다. 공격적인 태도로 말할 것인가, 정중한 자세로 임할 것인가, 우리 쪽의 의견을 과감하게 제시할 것인가 아니면 목표치를 낮춰 제시할 것인가 등을 판단하기 위해서는 상황을 먼저 알아야 한다.

상황을 알기 위해서는 우선 상대의 말을 잘 들어야 한다. 상대의 말에 귀기울여 잘못된 정보를 바로잡고 새로운 정보를 얻어내면서 전체 상황을 이해하는 것이다. 적을 알고 나를 안다는 것이 바로 그런 것이다. 상대의 말을 통해 상황을 판단하고 가장 효과적인 방법으로 내가 말을 함으로써 의도한 목표를 이끌어내는 것이다.

상황 판단이 되고 나면 이제 대화의 주도권을 쥘 수 있다는 자신감을 가져야 한다. 상대의 의도와 내가 원하는 바를 매치시켜 대화의 궁극적 목표를 설정하고, 그것을 위해 어떤 식으로 말을 할지 빨리 결정해야 한다. 던져진 상황에서 빠르게 적응하는 것이 중요하지만 이는 평소 훈련하고 연습하지 않으면 실전에서 의도한 대로 되지 않는다. 히딩크 감독이 "상황을 지배하라"고 한 것은 평소 충분히 훈련하고 연습하고 그것을 실전에서 제대로 활용하라는 의미다. 대화에서도 마찬가지다. 어떤 상황에서도 매뉴얼처럼 거의 자동으로 튀어나올 수 있는 대화의 습관이 필요한 것이다.

## 긍정의 힘을 믿어라

대화를 하면서 '잘 안 되겠지'라는 생각을 하면 실제로도 안 될 가능성이 높다. 비록 힘든 상황이지만 좋은 결과가 있을 것이라는 믿음을 가져야 한다. 부정적인 생각으로 가득 차면 나 자신은 물론 상대의 기분까지 망쳐 상황을 더욱 나쁘게 몰고 간다.

평소 생활에서도 마찬가지다. 출근길부터 '오늘도 지루하고 따분할 게 틀림없어!', '꼴보기 싫은 김 과장이 오늘도 괴롭히겠지!'라는 생각으로 가득 차 있으면, 실제로 그날 하루가 종일 지루하고 따분하고 심지어 꼴보기 싫은 김 과장 역시 또 괴롭힐 것이다.

생각한 대로 산다고 했다. 평소 무심코 던진 한마디, 습관적으로 생각하는 것들이 어느 날 현실이 되어 눈앞에 펼쳐지는 일이 생기는 것이다. 상대의 기분을 나쁘지 않게 하는 말투와 표정, 겸손하면서도 자신감을 잃지 않는 제스처를 연습하고 훈련해야 하는 것처럼 긍정적인 마음가짐도 평소 습관을 들이지 않으면 안 된다. 긍정적인 마음을 가지면 말씨도 제스처도 그렇게 변한다. "당신은 도대체 할 수 있는 게 없어!", "당신이 뭘 안다고 그래?", "내 말대로 하란 말이오!", "그렇게 해선 결코 해결할 수 없어!" 이처럼 부정적인 말을 거침없이 하는 것은 마음속에 나쁜 생각이 가득 차 있기 때문이다.

이런 부정적인 말들을 긍정적으로 변화시키면 어떨까? "당신이 좀 도와주면 큰 힘이 될 것 같네요", "이렇게 해보면 어떨까요?", "무슨 말씀인지 잘 알겠습니다만 이런 측면도 있습니다." 이렇게 말하는 습관을 들이면 상대로부터 신뢰와 존경을 받을 수 있다.

벌컥 화를 내는 것은 금물이다. 물론 화를 내야 할 때도 있다. 어느 유명 야구감독은 경기 시작 전에 일부러 덕아웃을 공포 분위기로 몰고 가는 것으로 유명했다. 공연히 의자를 걷어차면서 살벌한 분위기를 연출했다. 말도 없이 불만 가득한 표정으로 그러는 것이다. 그러면 선수들은 혹시 자신이 잘못한 게 있어 그러나 싶어서 긴장했다. 결과적으로는 희한하게도 그 팀이 승승장구해 역대 프로팀 중 최고의 성적을 거두었다.

그러나 이런 사례는 드문 경우다. 운동선수들은 일반 직장인들과는 다른 문화를 가지고 있고 이마저도 예전의 지도 스타일이다. 요즘 직장에서 상사가 공연히 의자를 걷어찬다든지 혼자 씩씩거리며 서류 뭉치를 집어 던진다고 해보자. 그 사람은 아랫사람들로부터 정신병자 취급을 받는 것은 물론 회사에서도 쫓겨날 가능성이 높다.

대화를 하거나 평소 생활에서도 분노 조절이 안 되면 큰 문제가 아닐 수 없다. 그러나 덕아웃을 공포 분위기로 몰고 간 야구감독은 분노 조절을 못하는 사람이 아니다. 그는 스포츠 선수들의 특성과 특유의 조직 문화를 이용한 것이다. 또한 실제로 화가 난 것이 아니라 화가 난 것처럼 행동했을 뿐이다. 나름의 지도 방식이었던 것이다.

그러나 비즈니스 세계에서 이런 행동은 금물이다. 아주 특수한 상황이 아니고서는 곤란하다. 예상치 못한 상황에서 버럭 화를 내거나 소리를 지르면 인격이 모자란다는 소리를 듣는다. 목소리 큰 사람이 이긴다는 말은 결코 좋은 의미가 아니다. 막무가내로 소리를 지르며 떼를 쓰는 사람을 한심하게 비꼬는 말이다. 그러니 함부로 화를 내거나 큰소리를 내지 않도록 평소 마음을 잘 다스려야 한다.

욕설도 마찬가지다. 훌륭한 자리에 있으면서도 무심코 내뱉은 욕설 때문에 인격이 바닥이라는 평을 들을 수 있다. 욕설이 남자답고 멋있다고 생각하는 사람도 있다. 하지만 결코 그렇지 않다. 어떤 상황에서도 욕은 하지 않는 것이 좋다. 욕설은 곧 인격의 저급함을 드러내는 것 외에 아무런 의미도 없다.

**좋은 결과를 주는 대화, 이렇게 만들자**

1. 상황을 지배하라

2. 대화에 자신감을 가져라

3. 긍정적인 마음을 가져라

4. 부정적인 말을 하지 마라

5. 분노를 억제하고 조절하라

6. 욕설은 절대 하지 마라

Change
of
Reaction

## 02

# 5가지 유형으로
# 알아보는 대인 리액션

Reaction!

# 누구를 만나도
# 통하는 리액션

살아가면서 만나지 않았으면 하는 사람들이 있다. 사기꾼이나 도둑, 강도 같은 흉악한 사람들뿐 아니라 공연히 시비를 걸어 기분을 나쁘게 하거나 시기심으로 똘똘 뭉쳐 훼방을 놓는 사람, 뒤통수를 쳐서 곤경에 빠뜨리는 사람 등 우리 삶의 방해꾼들이 그렇다.

　직장인들이 가장 어려움을 겪는 것 중 하나가 사람들과의 관계 맺기다. 일 자체가 힘들거나 어려운 것이 아니라 상사나 부하직원 등 조직 내 구성원이나 고객 등과의 관계를 원만하게 이어가기가 힘든 것이다. 그래서 많은 직장인들이 사람으로 인한 스트레스로 극심한 정신적 고통을 호소하기도 하고 심지어 회사를 옮기기도 한다. 그런데 세상 일이 참으로 이상해서 저런 사람이 없는 곳으로 가야겠다 싶어 옮기면 그런 사람이 또 있다. 심지어 그보다 더 심한 사람을 만나기도 한다. 어딜 가도 나를 괴롭히는 사람은 반드시 있다. 참으로 희한한 일이다.

자신의 능력과 적성에 맞을 뿐 아니라 미래가 보장되는 탄탄한 조직에 있으면서도 특정인이 싫다는 이유로 사표를 던지는 사람들이 많다. 하지만 대개의 경우 나중에 후회한다. 이름만 달라질 뿐 자신을 괴롭히는 사람은 어딜 가도 늘 있다는 것을 뒤늦게 깨닫기 때문이다. 그러므로 사람을 피한다고 해결되는 것이 아니라 주어진 상황에서 어려움을 이겨내는 방법을 찾는 것이 현명하다.

백이면 백 모두 다 나를 지지해 주고 내 편이 돼주는 곳은 이 세상에 없다는 점이다. 심지어 가족들도 다 내 마음 같지는 않다. 각자 다른 환경과 성격을 가진 사람들이 모인 직장에서는 더욱 그렇다. 피할 수 없으면 즐기라는 말이 있다. 때문에 도무지 돌파구가 없다 싶을 때는 호흡을 가다듬고 정면 돌파해 버리는 것이 낫다.

다른 사람의 성격이 바뀌기를 기대하기는 어렵다. '저 사람은 왜 저럴까?', '저 사람만 없으면 살겠는데' 하고 아무리 고민하고 기도해 봐야 소용이 없다. 상대는 절대 변하지 않는다. 내가 변하는 것이 상책이다. 여기서 변한다는 것은 성격을 바꾸는 것이 아니다. 상대가 어떤 성격의 소유자인지 또 그 사람의 장단점은 무엇인지 파악하고 거기에 적절하고도 효과적으로 대응하는 요령을 터득하고 실행하는 것이다. 즉, 리액션의 기술을 발휘하는 것이다.

사람이 싫다고 떠나면 나를 괴롭히는 그 사람에게만 좋은 일 시키는 셈이다. 상대가 보기 싫다고 떠나는 순간 그는 휘파람을 불 것이고 떠나는 당신을 비웃을 것이다. 당신은 결국 루저가 되는 것이다. 자, 그래도 떠날 것인가?

## / 툭하면 버럭거리는 폭군 상사

요즘에는 다정다감하고 친근한 리더십이 선호된다. 리더가 강력한 카리스마로 앞장서고 조직원들이 일사분란하게 전진하는 스타일은 구식이라는 의식이 팽배하다. 여기에는 2002년 월드컵 때 히딩크 감독이 선보인 서구식 리더십이 큰 영향을 미쳤다. 엄격한 위계질서보다 수평적 조직 문화가 바람직하다는 생각으로 상하의 관계가 엄격한 책상 배열 대신 원탁식 탁자로 사무실을 꾸미는 회사도 많이 늘었고, 부하직원에게 강압적으로 일을 시키기보다 서로 협의해 일을 처리하는 경우도 많다.

하지만 여전히 과거의 권위주의적인 사고에서 벗어나지 못하는 사람들이 많다. 자신의 뜻과 맞지 않는 의견을 결코 용납하지 않을 뿐 아니라 모든 일을 자신의 취향과 기분에 따라 처리하기도 한다. 다른 사람의 기분이나 처지 따위에는 아예 관심이 없으며 자신의 권위가 조금이라도 손상됐다고 생각하면 거침없이 공격을 퍼붓는다. 이런 폭압적인 상사 아래에서 일하는 사람은 마음에 큰 상처를 입기도 하고 의욕을 잃어 자신의 능력을 제대로 발휘하지 못하거나 극심한 스트레스로 건강을 잃을 수도 있다.

폭압적인 상사는 부하직원은 물론 그의 가족에게도 해악을 끼친다. 상사로부터 자주 폭언을 듣고 모욕을 당하는 사람은 스트레스와 긴장감 때문에 심리적으로 위축돼 자신감을 잃고 우울증에 빠질 수 있다. 이 때문에 가정에서도 부정적인 모습을 보여 나쁜 영향을 끼친다.

어느 가전 회사의 회의실. 참석한 사람들은 묵묵히 고개를 숙이고 있을 뿐 서로 말이 없다. 공기는 착 가라앉아 있고 가벼운 한숨 소리가 들린다. 마침내 사장이 들어와 시큰둥한 표정으로 의자에 앉는다. 그리고 고개를 뒤로 젖혀 좌중을 훑어본다. 사람들은 누구도 그와 눈을 맞추지 못한다. 침묵만 흐를 뿐.

마침내 사장이 입을 뗀다.

"김 부장, 대형마트 입점 건 어떻게 됐나?"

김 부장이 준비한 자료를 들여다보며 보고한다. 그의 목소리는 힘이 없고 떨리기까지 한다. 못마땅한 표정으로 듣던 사장이 소리를 꽥 지른다.

"그게 무슨 소린가? 그걸 말이라고 해? 제정신이야?"

김 부장은 한숨을 내쉬며 땀을 닦고 사장은 거듭 소리를 지른다.

"박 부장, 서비스팀 이번 주 핵심 과제가 뭐야?"

"악성 애프터서비스 요청 건 해결입니다."

"뭘 어떻게 할 텐가?"

"수리가 되지 않는 건에 대해선 제품 환수하고 가격 보상할 예정입니다."

이번에도 사장은 얼굴이 벌개져 소리를 지른다.

"제정신이야? 어떻게 해서든지 무마를 해야지, 팔았던 걸 왜 다시 물어 줘?"

나머지 부장들의 보고도 그렇게 이어졌다. 사장은 시종 소리를 질렀고 화를 참지 못했다. "그따위로 할 것 같으면 당장 사표 써!", "그만두란 말 이야!"라는 말을 수시로 했다.

그 주에 수행해야 할 핵심 업무에 대한 어떤 결론도 내리지 못한 채 회의가 끝났다. 회의는 늘 그런 식이었다. 성과는 없고 다음 회의 때 보자는 것이 결론이었다.

이처럼 폭군들은 상대의 기분 따위는 아랑곳하지 않는다. 자신의 생각과 의도대로 되지 않는 것에만 화와 짜증을 낸다. 자신의 권위와 감정만 중요하지 정작 일은 중요하게 여기지도 않는다.

부하직원들은 업무를 챙기는 일보다 폭군의 기분을 살피는 데 온 신경을 쏟는다. 회의 준비를 한다는 것이 중요한 자료를 취합, 분석하고 대안을 제시하고 목표를 설정하는 것이 아니다. 어떻게 하면 폭군으로부터 모욕을 당하지 않을까, 그 궁리만 한다. 때문에 정확한 현황 파악조차 하지 않고 사장의 심기를 거스르지 않는 내용만 보고서에 포함시키고, 안건으로 올려 해결점을 찾아야 할 중요한 문제는 슬며시 빼버리기 일쑤다. 그러니 환경 분석과 목표 설정, 업무의 실행 방향 수립 등 정상적인 업무 절차가 논의조차 되지 못하는 것이다. 보고서가 제대로 돼 있지 않으니 회의에서도 핵심을 짚지 못하고 헛돈다는 느낌이 든다. 그렇잖아도 화를 잘 내는 폭군이 더욱 분을 참지 못하게 되는 상황이 반복되는 것이다. 폭군은 회의를 하면 또 그런 상황이 일어날 것이란 생각에 회의가 시작되기 전부터 부글부글 끓어오르고, 부하직원들은 그들대로 노심초사하게 되는 것이다.

## 폭군을 이기는 유연한 리액션

폭군들은 항상 상황을 지배하려 한다. 자신의 영역 즉, 사장이면 사장, 부장이면 부장으로서의 직위와 그에 따른 권한과 체면 따위가 손상되는 것을 극도로 싫어한다. 때문에 그들을 대할 때는 권위와 체면을 해칠 의도가 전혀 없음을 암시해야 한다. 그러기 위해서는 먼저 그들의 권위와 체면을 존중해 주는 말을 하자. "예. 사장님, 무슨 말씀인지 잘 알겠습니다"하고 말한 다음 자신의 의사를 분명하고 정확하게 말한다. 그리고 마지막에는 "사장님의 뜻에 따라~"라고 한마디 더 곁들여 기분을 좋게 해준다. 그런 다음 "이렇게 저렇게 하도록 하겠습니다"라고 말한다. 그러면 대개 폭군들은 "똑바로 하란 말이야!"하고 못을 박는다. 그러면 "예. 최선을 다하겠습니다"하고 마무리하면 된다.

이때 절대 당황하거나 더듬거리는 등 약한 모습을 보이면 안 된다. 주눅든 표정을 지어서도 안 되고 내 의견이 거절당하지는 않을까 걱정하고 있다는 느낌을 줘도 안 된다. 약한 모습을 보면 그들은 더 난폭해진다. 야수가 피를 보면 흥분하는 것처럼 폭군들은 약한 모습에 흥분한다. 호흡을 가다듬고 또박또박 할 말을 야무지게 하자.

긴장한 나머지 흥분하는 것도 조심해야 한다. 흥분하다 보면 폭군의 기분을 상하게 할 가능성이 높다. 호시탐탐 폭발할 기회를 노리고 있는 폭군에게 흥분하는 부하직원은 더없이 좋은 먹잇감이다. 상대가 폭군 스타일이 아니어도 대개 게임은 흥분하는 쪽이 지게 돼 있다. 자기 페이스를 잃지 않는 것이 좋다.

만약 폭군이 마구 화를 내면서 당장 해결책을 내놓으라고 소리치면 당황하지 말고 "네. 확인하고 해결책을 찾아보도록 하겠습니다" 하고 말한다. 그런 다음 일단 자리를 피하고 잠시 시간을 갖자. 심호흡을 하거나 차를 마시면서 마음을 가라앉히고 평온한 상태를 유지한다. 그리고 어떤 내용으로 보고할 것인지 차분하게 정리한 후 '결코 먼저 흥분하거나 좌절하거나 기분 나빠하지 말자'라고 다짐하며 폭군을 찾아가자. 폭군들은 당장 해결책을 내놓으라고 소리쳐도 대개 그 자리를 피하고 나면 숨 넘어갈 듯이 재촉하지 않는다. 왜냐하면 당장 해결책을 듣고 싶은 것이 아니라 제 분에 못 이겨 습관적으로 소리치는 경우가 많기 때문이다. 이런 경우 일단 자리를 피한 다음 최대한 빨리 해결책을 찾아보되 폭군의 반응을 살피도록 한다. 폭군이 빨리 들어오라고 하는지, 충분히 시간을 두고 연구한 다음 들어가도 되는지, 시간을 두고 살펴 그에 맞게 대응하는 것이 좋다.

타이밍도 중요하다. 폭군들은 일 자체보다 자신의 기분에 따라 일을 처리한다. 때문에 폭군과 면담할 때는 기회를 잘 살펴야 한다. 기분이 좋을 때를 골라 면담하고 기분이 나쁘다 싶으면 아주 급한 일이 아니라면 한 템포 쉬어가면 좋다. 폭군들은 아무리 좋은 소식을 들어도 자신의 기분이 나쁘면 화를 내고 보고서를 집어던질 수 있다는 점을 명심해야 한다. 칭찬받고 싶은 마음에 폭군의 기분을 살피지 않고 뛰어들었다가 낭패를 당하지 않도록 하자.

1. 주눅들거나 자신감 없는 표정은 금물이다

2. 폭군의 권위와 체면을 손상하지 마라

3. 절대로 먼저 흥분하지 마라

4. 폭군을 만나기 전 마음을 다스려라

5. 폭군을 만날 타이밍을 잘 잡아라

## / 꼼짝도 하지 않는 수수방관자

만나고 싶지 않지만 어딜 가도 꼭 만나게 되는 불청객 중 하나가 수수방관자다. 당장 숨이 넘어갈 듯 중대한 문제가 생겼는데도 강 건너 불구경하듯 팔짱을 끼고 있는 사람들이다. 평소에도 적극적으로 나서는 법이 없고 일이 주어지면 마지못해 한다.

부하직원이 이런 사람이라면 당장 해고를 하거나 다른 부서로 보내버리면 그만이다. 하지만 동료나 상사라면 문제가 달라진다. 그 사람에 대한 인사 조치를 취할 권한이 없기 때문이다. 설사 부하직원이라하더라도 내가 가진 권한으로는 도저히 어쩔 수 없는 사람도 있다. 오너의 친인척이라든지 정치권의 권세를 등에 업고 낙하산을 탄 사람의 경우는 문제가 복잡해진다.

수수방관자를 그냥 수수방관하면 조직은 물론 나에게도 피해가 온다. 수수방관자를 부하직원으로 둔 경우를 보자. 무슨 일이 잘못되거나 조직의 성과가 부진하게 되면 나의 통솔력과 리더십 부족 탓이라는 평가가 나온다.

수수방관자들은 원래 심성이 적극적이지 않고 소극적인 경우도 있지만, 자신의 업무나 조직에 대한 만족감과 자부심을 갖지 못하기 때문에 그런 사람도 있다. 성격 탓이라면 적극적으로 참여할 수 있도록 유도해 주고, 조직이나 업무에 대한 자부심과 만족도가 낮은 탓이라면 그것을 찾을 수 있도록 도와줄 수 있다. 만약 오너의 친인척이거나 정치권의 배경을 믿고 나 몰라라 하는 사람이라면 그 나름의 방법을 찾아야 한다.


어느 홍보 기획사 사무실. 선거를 앞두고 한 후보에 대한 홍보 업무를 맡게 된 팀이 전체 회의를 하고 있다. 팀장이 홍보 전략에 관해 간단하게 설명한 후 팀원들에게 의견을 묻는다.

"명품 강남구를 지향한다는 홍보 주제 어떤가요?"

말이 떨어지기 무섭게 의견들이 튀어나온다.

"후보의 성격과 지역의 특성을 감안할 때 괜찮은 것 같습니다."

"하지만 너무 식상합니다."

"그래도 그 지역 사람들이 진정 원하는 게 그 주제 아닌가요?"

치열하게 의견이 오가고 세부 전략에 대한 틀까지 갖춰졌다. 각자 주어진 역할이 정해지고 그에 따른 실행 계획을 마련한 후 다음 날 다시 회의를 열기로 했다. 그런데 홍 대리는 회의가 끝날 때까지 단 한마디도 하지 않았다. 심지어 팀원들과 눈도 마주치지 않으려 했다. 마치 투명 인간처럼 존재감 없이 그렇게 시간이 흘러가기를 기다리는 것처럼 보였다.

홍 대리는 매사 그런 식이다. 회의를 할 때는 물론 평소에도 적극적으로 자신의 의견을 피력하거나 나서지 않으려 한다. 초년병 시절 홍 대리의 선배들은 적극적으로 나서서 일을 망치는 것보다 시키는 일을 군말 없이 해내는 그를 착하다며 칭찬해 주었다. 하지만 대리가 되고 부하직원이 생기기 시작하자 문제가 생겼다. 책임지고 부하직원을 리드하며 업무를 이끌어가야 하는데 시키는 일 이외에는 하려 들지 않았다.

상사들은 그런 홍 대리에게 조언을 하거나 심지어 협박도 해보았다. 하지만 태도는 달라지는 것이 없었고 시간이 흐르면서 상사나 동료, 부하직원들은 으레 그런가 보다 하게 되었다. "홍 대리는 원래 그런 사람이야"라며 회의 때나 평소에도 있는 듯 없는 듯 신경쓰지 않았다. 하지만 손 하나라도 아쉬운 상황에서까지 뒷짐지고 있는 홍 대리를 볼 때면 조직원들은 분통이 터졌다.

## 수수방관자에게 적극성을 부여하는 리액션

수수 방관자들은 가까이 하기에 너무 먼 당신이다. 그런 사람들은 "제발 날 건드리지 마, 날 좀 내버려 두란 말이야"라고 하는 것과 같다. 귀차니스트일 수도 있다. 하지만 어쩌면 타고난 성품 탓에 적극적으로 나서지 못할 수 있다. 자리를 먼저 깔아주지 않으면 절대 놀지 못하는 것이다. 그것도 한두 번 권해서는 되지 않고 여러 번 권해야 마지못해 움직인다. 이런 사람에게는 적극적으로 참여할 핑계가 필요하다. 주위에서 권하니까 한다는 핑계라도 있어야 한다. 핑계 삼아 자주 참여하다 보면 그것이 습관이 돼 나중에는 스스로 하게 된다.

적극적으로 참여할 수 있게 하는 방법 중 하나는 팀원 간의 역할을 나누는 것이다. 회의를 할 때는 순번을 정해 의장을 맡아 회의를 진행하게 한다. 팀원 중 아무도 예외를 인정해서는 안 된다. 팀장도 자기 순서가 와야 회의 진행을 할 수 있게 한다.

자리가 사람을 만드는 법이다. 제아무리 수수방관자라 해도 자신이 회의를 진행해야 할 상황이면 의제 설정과 자료 검토, 회의 진행 방식 등 모든 것을 스스로 챙기지 않으면 안 된다. 그렇게 되면 이후 업무 추진 과정에도 적극적으로 참여한다.

수수방관자에게는 끊임없이 관심을 보여줘야 한다. 부하직원이라면 수시로 "A 회사 건 어떻게 됐습니까? B 회사 건도 해결되었나요?" 하고 묻자. 만약 같은 직위의 동료라면 "어때? A 회사 건 잘돼 가나?"라고 관심을 보여 자극을 줘야 한다.

업무나 직장에 대한 만족도가 높지 않아 수수방관하는 사람이라면 본인이 만족감을 얻을 수 있는 업무 파악이 우선이다. 같은 직장 내에서 다른 업무를 하고 싶다면 보직 이동을 권하거나 발령을 내주면 된다. 하지만 내가 꼭 데리고 있고 싶은 직원인데 다른 부서로 가기를 원한다면 문제가 달라진다. 이럴 때는 설득을 해야 한다. 부서 안에서 만족도를 높일 수 있는 방법이 무엇인지 물어본다. 스스로 권한과 목표를 설정하도록 한 다음 일정한 시간을 준다. 스스로 권한과 목표를 정하게 되면, 자신의 가능성과 능력을 인정받았다는 생각에 자존감이 회복되고 일에 대한 만족감도 높아질 수 있다. 그러나 달라지지 않는다면 다른 부서로 보내든지 이직을 권하든지 결단을 내려야 한다.

낙하산으로 내려온 자가 수수방관자라면 더 단호하고 치밀한 리액션이 필요하다. 이런 사람들은 대개 부끄러운 줄 모르고 기고만장하기 일쑤고 당신을 잘라버릴 수 있다고 은근히 협박한다. 오만한 수수방관자는 조심스럽게 대하되 단호하고 절도 있는 태도를 취해야 한다.

이런 사람들은 평소 침묵하는 가운데 속으로는 폭군의 기질을 감추고 있을 가능성이 높다. 소리를 지르거나 화를 내지 않더라도 언제든지 복수할 자신감이 있는 것이다. 때문에 주위 사람들을 결코 무서워하지 않는다. 이런 사람에게 약한 모습을 보이거나 눈치를 살피는 기색을 보이면 더 기고만장해진다.

그러므로 배경 따위는 신경쓰지 않겠다는 자세가 필요하다. 배경을 떠나 순수하게 조직의 구성원으로서의 역할과 능력, 태도만을 살펴 평가하겠다는 마음가짐을 가져야 한다. 든든한 배경이 있으니 함부로 말하면 안 된다는 생각을 하게 되면 말투와 표정, 행동에서 그대로 나타나고 결국 낙하산 수수방관자는 당신을 얕보게 된다. 얕보인 순간 주도권은 넘어간다. 이런 사람일수록 당당하고 자신감 넘치는 사람에게 오히려 약하다. 자신에게 굽히고 약한 모습을 보이는 사람에게는 강하게 대하고 단호한 태도를 취하고 할 말을 정확히 하는 사람에게는 조심한다.

성격 탓이든 만족감과 자부심 부족 탓이든 아니면 낙하산 탓이든 수수방관자들에게 "미안합니다"라는 소리는 가능하면 하지 말자. 성격이 적극적이지 못한 수수방관자는 미안하다는 말을 '앞으로도 적극적으로 참여하지 않아도 된다'는 뜻으로 이해한다. 업무와 조직에 대한 만족감과 자부심이 낮은 수수방관자는 '그래, 그렇잖아도 너희들은 나한테 미안해야 해'라고 생각하며 자신이 뒷짐지는 것이 당연하다고 여긴다. 낙하산들은 '그럼, 당연하지. 내가 누군데!'라며 목에 더 힘을 준다.

그러므로 수수방관자에게는 "미안합니다"라는 말 대신 "수고했습니다", "이번 건에 관한 잘못은 확실히 인정하고 다음부터 같은 실수를 하지 않길 바랍니다" 등의 분명하고 단호한 말을 쓰도록 하자.

### 수수방관자를 움직이는 능동적 리액션

1. 피할 수 없는 역할을 줘 참여하도록 하라

2. 참여할 수 있는 핑계거리를 줘라

3. 질문을 던져 끊임없이 자극하라

4. 스스로 목표와 권한을 설정하도록 하라

5. 배경이 든든한 수수방관자일수록 단호하게 대하라

6. 배경을 무시하고 능력과 태도, 성과만으로 평가하라

7. "미안합니다"라는 말은 하지 마라

## / 늘 긴장해야 하는 뒤통수의 달인

직장 생활을 하다보면 뒷담화 때문에 곤욕을 치르는 수가 있다. 인터넷이나 첨단 통신 네트워크로 비밀이나 치부가 공개돼 곤경에 빠지는

수도 있지만 입에서 입으로 은밀하게 전해지는 소문 때문에 어려움을 겪기도 한다. 어느 곳에 가도 피할 수 없는 것이 바로 뒷담화다. 내가 남의 뒷담화를 할 수도 있지만 반대로 뒷담화의 주인공으로 구설에 오르거나 위험에 빠질 수도 있다.

도무지 비밀을 가슴에 담아두지 못하는 성격 탓에 뒷담화를 하는 사람도 있지만, 의도적으로 악의적인 소문을 퍼트려 당사자에게 치명상을 입히는 질이 좋지 못한 이들도 많다. 이런 사람들은 자신이 이익을 보기 위해서 없는 말도 지어내 특정인에게 해를 입히기도 하고, 자신에게 유리한 헛소문을 만들어 퍼트리기도 한다. 정치권뿐만이 아니라 직장이나 사회에서도 흔히 일어나는 일이다.

김 대리와 박 대리는 입사 동기로 같은 부서에서 근무 중이다. 원래 김 대리가 입사 이후 계속 근무해 온 부서에 최근 박 대리가 발령받아 왔다. 김 대리는 박 대리가 새로운 부서 업무에 빨리 적응할 수 있도록 꼼꼼하게 챙겨 주었다.

박 대리는 김 대리의 도움으로 새로운 환경에 빠르게 적응해 나갔다. 그러다 어느 순간부터는 혼자서도 일을 잘 해결할 수 있게 됐다. 같은 부서의 직원들은 두 사람에게 호흡이 잘 맞는 멋진 콤비라며 칭찬했다. 부장도 크게 만족했다.

그런데 둘에게는 남모를 고민이 있었다. 바로 위 상사인 정 과장이 작심이라도 한 듯 그들을 괴롭히는 것이다. 부당한 지시를 일삼는 것은 물론 남들 앞에서 대놓고 험담을 하기도 했다. 업무 평가 점수도 형편없이 낮게 줬다. 결국 두 사람은 정 과장을 골탕먹일 사건을 찾기로 마음먹었다. 김 대리는 정 과장이 협력 회사와의 계약에서 중대한 실수를 한 것을 알아챘다. 김 대리는 박 대리에게 그 사실을 회사 상부에 보고하겠다고 말했다. 둘만 알고 있고 절대 외부에 알리지 않기로 약속했다.

그러나 김 대리가 그 사실을 상부에 비밀 보고하기도 전에 갑자기 대기 발령이 떨어졌다. 당장 다음 날부터 책상 하나 달랑 있는 구석진 창고 사무실로 출근하라고 했다. 김 대리는 어이가 없었다. 마른하늘에 날벼락이었다.

가끔 이런 일이 일어난다. 김 대리는 박 대리에게 당한 것이다. 박 대리는 정 과장이 김 대리와 자신을 괴롭히는 것은 맞지만, 정 과장이 회사에서 인정받고 있을 뿐 아니라 오너의 집안과 관계가 있다는 것을 알았다. 그래서 뒤통수를 친 것이다. 이런 사람을 만나게 되면 조직 생활은 물론 인생행로人生行路, 사람이 살아가는 한평생을 나그넷길에 비유하여 이르는 말에 크게 지장을 받기도 한다. 무슨 일을 도모할 때는 반드시 믿을 수 있는 사람과 함께해야 한다.

  드라마나 영화에서만 볼 수 있는 일이 아니다. 문제는 믿을 수 있는 사람인지 아닌지 일이 끝나기 전까지는 알기 힘들다는 점이다. 치명적이지는 않더라도 입장이 곤란해질 때도 있다. 별 뜻 없이 편하게 농담처럼 한 말인데 나중에 왜 자신을 비난했느냐며 항의를 받을 때도 있다. 언제 그런 소리를 했는지 가물가물한데도 그것이 부메랑처럼 돌아와 뒤통수를 후려치는 것이다. 낮말은 새가 듣고 밤말은 쥐가 듣는다고 했다. 누구나 새와 쥐가 될 가능성이 있지만 특히 이런 기질을 더 많이 타고난 사람이 있다. 그런 사람들을 조심해야 한다.

## 뒤통수의 달인에게 배신당하지 않는 리액션

뒷담화를 일삼으며 남의 뒤통수를 잘 치는 사람은 언젠가는 다 드러난다. 뒷담화를 잘하는 사람인지 아닌지 알기 전까지는 무조건 입조심을 하는 것이 좋다. 특히 다른 사람에 관한 이야기는 더욱 그렇다. 만난 지 얼마 되지 않은 상태에서 자신이 알고 있는 다른 사람의 정보를 미주알고주알 알려주는 친절한 사람이 있다. 위험한 일이다. 먼저 알고 있는 정보라며 알려준 것들이 나중에 그 사람에 대해 나쁘게 평가하고 험담한 것으로 변질돼 당사자의 마음을 상하게 할 수도 있다. 말이라는 것이 한 다리만 건너도 의미가 달라진다. 단어 몇 개만 뒤틀어도 완전히 느낌이 다르기 때문이다.

예를 들어 새로 부임한 과장한테 이렇게 말했다 치자. "김 대리는 S대를 나와 일처리가 재빠릅니다." 나중에 김 대리가 찾아와 얼굴을 붉히며 따진다. "내가 S대 나왔다고 잘난 척한다고 했다며?" 이런 황당한 일이 비일비재하다.

만약 새로 부임한 상사라 할 수 없이 동료 직원 등에 관해 말할 수밖에 없는 상황이라면 자신의 평가나 느낌은 덧붙이지 말고, 사실 위주로 담백하게 이야기하는 것이 낫다. 그래야 나중에 삼자대면을 해야 할 상황이 오더라도 당당하고 떳떳하게 대응할 수 있다.

평소 진지 구축을 잘하는 것도 필요하다. 모략꾼이 당신에 대한 험담을 늘어놓거나 없는 말을 지어내 곤경에 빠뜨리기 전에 다른 사람들이 동조하지 않도록 평소 평판을 잘 쌓아두는 것이 중요하다. 물론 쉽지 않은 일이다. 하지만 분명한 것은, 남의 이야기를 좋아하고 타인의 약점을 기회로 이용하기 위해 거짓 정보를 만들고 퍼트리는 사람은 반드시 자신이 희생자가 될 수 있다. 때문에 "저 사람은 쓸데없는 소리를 하거나 남을 험담하는 사람은 아니다"라는 평가를 듣도록 해야 한다.

사람은 누구나 비밀을 간직하기 어려워한다. 그래서 자신이 알고 있는 비밀을 털어놓을 대상을 찾는다. 평소 다른 사람의 비밀에 관한 이야기를 듣고 싶어 하지 않는다는 인식을 심어주면 당신의 귀에다 대고 "임금님 귀는 당나귀 귀"라고 말할 엄두를 내지 못할 것이다. 그러면 뒷담화로 인한 화를 피할 수 있다.

만약 남을 비방하거나 모략하는 자리에 앉아 있을 수밖에 없는 상황이라면 정신을 바짝 차리고 휘말리지 않는 편이 좋다. "아 그래요?" 하고 호기심을 보인다든가 "아, 그랬군요!", "듣고보니 옳으신 말씀이십니다!" 하며 맞장구를 치는 일이 없도록 하자. 듣기는 듣되 동의를 하거나 말을 보태 상대로 하여금 확신을 심어주지 않도록 해야 한다. 모략꾼은 상황이 불리해지면 마치 당신이 화제를 주도한 것처럼 왜곡할 수 있다. 이런 사람들은 상황에 따라 얼마든지 말을 바꿀 수 있다는 것을 알고 방심하지 말자.

또 하나 명심해야 할 점은 뒤통수의 달인을 공격하지 않는 것이다. 누군가가 뒤통수의 달인, 모사꾼이라는 사실을 세상 사람 다 안다 하더라도 그 사람에 대한 험담은 하지 않는 것이 좋다. 뒤통수의 달인들은 자신에게 조금이라도 불리한 소리를 들으면 반드시 복수한다. 얌전히 있는 사람도 모함을 해서 못 살게 군다. 때문에 공연히 원한을 사서 구설에 오르거나 에너지를 낭비할 필요가 없다.

만약 모사꾼의 꾀에 휘말려 억울한 상황에 빠지게 되면 반드시 해명하는 것이 좋다. 필요하다면 모사꾼과 삼자대면한 가운데 진실을 분명하게 밝히자. 모사꾼 역시 당당하고 자신감 넘치는 사람을 두려워한다. 괜히 잘못 건드렸다가는 나중에 큰일 나겠다는 생각이 들 정도로 분명하고 단호하게 말해 주는 것이 좋다. 그러나 평소에는 자신감 넘치는 표정으로 미소지으며 '나는 당신에게 아무 악감정이 없는 사람이야. 알지?'라는 메시지를 던져주면 좋다.

## 뒤통수의 달인에 대처하는 준비의 리액션

1. 친하지 않은 사람에게 남의 이야기를 하지 마라

2. 다른 사람에 대해 함부로 평가하지 마라

3. 다른 사람에 대한 사적인 감정을 함부로 말하지 마라

4. 다른 사람에 관한 이야기를 할 때는 팩트만 담담하게 말하라

5. 평소 나의 험담을 막아줄 편을 만들어라

6. 다른 사람의 험담에 함부로 동조하지 마라

7. 뒤통수의 달인을 적으로 만들지 마라

8. 모함으로 위험에 빠졌다면 적극 해명하라

9. 당당하고 자신감 넘치는 태도로 뒤통수의 달인을 대하라

## / 끝없는 불평을 해대는 투덜이

투덜투덜 불평불만을 입에 달고 사는 이들이 있다. 이들의 불평은 끝이 없다. 불평이 많다는 것은 제대로 일을 하지 못한다는 뜻이다. 어려운 일이 있으면 뚫고 나갈 생각을 하지 않고 불평을 하느라 시간을 다 보내고, 남들은 아무렇지도 않게 해내는 일조차 불평거리를 찾아내 투덜거리면서 미룬다.

이런 사람들은 당장의 업무 성과는 말할 것도 없고 자기 발전도 없다. 결국 조직에서 도태되고 낙오자가 될 가능성이 높다. 자신에게 해가 되는 것은 물론 다른 조직원들의 기분까지 망쳐 전체 분위기를 흐리고 의욕을 떨어뜨리기도 한다.

월간지 〈우리 집〉의 박 기자는 아침 출근길부터 투덜대기 시작한다. 지하철을 타러 승강장으로 내려가니 열차가 막 떠나고 있다.

"저놈의 지하철은 꼭 내가 오면 떠난단 말이야."

지하철을 타고서도 투덜투덜. 사람이 많아서, 누군가 자신의 등을 치고 지나가서, 심지어 예쁜 여자가 옆에 서지 않았다고 투덜댄다. 사무실에 도착해서도 커피가 맛이 없고 화장실 청소가 제대로 돼 있지 않다고 투덜투덜. 부장이 업무 지시를 내린다.

"박 기자, 인테리어 업체 횡포 취재 잘돼 가나?"

박 기자, 말이 떨어지기 무섭게 중얼댄다. "저 인간은 아침부터 닦달이야." 그리고 이렇게 말한다. "아니오, 취재가 잘 안 돼요. 업자들이 인터뷰를 안 하려고 그래요. 마땅한 피해 사례 찾기도 쉽지 않고요."

"잘 찾아봐. 분명히 사례는 있을 거야."

"그렇지만 요즘 연말이라 다들 정신없어서 이런 일로 취재에 응하려 하지 않아요. 교통도 복잡해서 택시라도 타려면 엄청 고생합니다. 인테리어 업체들이 몰려 있는 강남 한번 갔다 오려면 하루 종일 걸립니다. 어제처럼 눈이 내린 날은 정말 말도 못합니다."

박 기자의 하소연은 끝이 없다.

투덜이들이 불평거리를 찾는 재주는 신의 경지라 해도 과언이 아니다. 날씨부터 교통 체증, 동료의 옷차림, 고객의 항의, 정치 문제까지

모든 것을 부정적으로 바라본다. 밝고 긍정적인 면 대신 어둡고 부정적인 면만 부각시켜 불평거리로 삼는 것이다. 아무리 사소한 것이라도 놓치지 않고 불평거리를 찾아낸다. 마치 탐지견이 가방 깊숙이 숨겨둔 마약을 찾아내는 것처럼 부정적인 면을 찾는 데 탁월한 기술을 갖고 있다. 남들은 예사로 넘기는 것도 현미경을 들이대고 찾아낸다.

심지어 잘해 줘도 투덜댄다. 좋은 자리로 옮겨줘도 월급을 올려줘도 선물을 줘도 투덜댄다. '자리가 왜 이 모양이야, 월급은 왜 이만큼밖에 올려주지 않지, 선물이 이게 뭐야.' 상대가 아무리 호의를 가지고 잘해주려고 노력해도 불만은 끝이 없다. 때문에 투덜이와 함께 생활해야 하는 사람들은 늘 신경이 곤두서고 기분이 상하기 일쑤다.

투덜이들이 무서운 것은 그들이 일을 제대로 하지 못하거나 업무 성과가 나오지 않을 경우, 동료나 주위 사람 탓으로 돌리려 한다는 점 때문이다. 자신은 하나도 잘못한 게 없는데 동료나 부하직원, 상사 등 주위 사람들이 제대로 역할을 하지 못했거나 협조를 해주지 않았기 때문이라고 평계를 대는 것이다. 이런 경우 주위 사람들은 무능하거나 비협조적인 사람으로 평가받을 수 있다.

## 투덜이의 입을 막는 리액션

불평을 일삼는 것은 습관적인 태도로 하루아침에 만들어진 것이 아니다. 타고난 성격 탓도 있겠지만 성장 과정에서 문제가 있을 가능성도 높다. 부모나 주위 사람들로부터 제대로 인정받지 못했거나 목표나 꿈이 좌절됨으로써 마음속에 부정적인 생각이 가득 차 있을 수도 있다. 인정받지 못해 생긴 마음의 상처를 외부의 탓으로 돌림으로써 자신을 변호하는 것일 수도 있고, 꿈을 이루지 못한 것에 대한 자기변명이나 합리화를 위해 불평을 늘어놓는 수도 있다.

이런 사람들과 함께 있으면 3가지 피해를 본다. 첫째, 투덜이가 업무를 제대로 수행하지 않음으로써 조직원 전체의 성과에 문제가 생긴다. 둘째, 투덜이로 인해 다른 조직원들도 부정적인 방향으로 마인드가 바뀐다. 셋째, 투덜이로 인해 다른 사람을 공격하거나 험담하는 등 나의 인생까지 나빠질 수 있다. 이런 점 때문에 투덜이를 그냥 못 본 척 넘겨서는 안 된다. 적절한 리액션이 필요한 것이다.

투덜이들은 자신들이 불평꾼이 아니라 훌륭한 비평가인 줄 착각하는 경우가 많다. 남의 약점이나 부정적인 면을 들춰내 평가할 수 있는 것도 타고난 자질이라고 생각한다. 그들은 쉼 없이 다른 사람을 주제로 해설을 해댄다. 그 해설이라는 것이 대부분 불평불만이다.

투덜이들이 입을 열기 시작하면 크게 관심을 갖지 않는 것이 좋다. 그들은 꼭 필요한 말을 하는 것이 아니라 습관적으로 불평을 늘어놓기 때문에 듣지 않아도 전혀 문제되지 않을 경우가 많다. 만약 누군가 귀를 기울여준다고 생각하면 더욱 기세를 올려 불평을 쏟아낼 것이다. 맞장구를 쳐서도 안 된다. 불평꾼들은 자신의 말에 동조하는 응원군이나 동지를 많이 만들고 싶어 한다. 동조해 주는 사람이 많을수록 자신의 불평에 더욱 자신감을 얻는다.

그렇다 하더라도 투덜이의 말에 무작정 귀를 닫을 수는 없다. 업무와 관련된 불평일 가능성도 있기 때문이다. 지금 투덜이가 하고 있는 불평이 나중에 당신의 탓으로 넘겨져 화를 입을 수도 있다. 귀를 쫑긋 세우고 들을 필요는 없지만 한쪽 귀 정도는 열어놓는다는 마음으로 들으면 좋다.

때로는 아프게 지적해 주는 것도 필요하다. 한쪽 귀로 듣다가 나에게 화를 미치거나 조직에 결정적인 해를 끼칠 수 있다 싶을 때는 주저 없이 말하자.

"김 대리, 그건 고 과장이 잘못해서 그런 게 아니잖아."

"김 대리, 그건 자네가 타이밍을 놓쳤기 때문이지 박 대리의 잘못이 아니라고."

이렇게 확실하게 짚고 넘어가지 않으면 투덜이는 나중에 잘못을 다른 동료에게 뒤집어씌울 가능성이 높다. 상황 파악을 못하거나 해결책을 찾지 못해 불평을 하는 것이라면 방향을 잡아주는 것이 좋다.

"김 대리, 그런 문제가 있다면 총무과 한 부장님과 의논해 봐."

"김 대리, 고민하지 말고 마진율을 3%로 낮춰 제시해 봐. 그래도 아무 문제가 없을 것 같아."

이렇게 방향을 제시하는데도 또 다른 불평을 늘어놓는다면 "일단 그렇게 한번 해봐. 그래도 안 되면 다시 의논하자고"라고 말하는 것이 좋다. 이 상황에서 버럭 화를 내면 투덜이는 돌아서서 "저 사람은 항상 저 모양이야!" 하고 불평을 할 것이다. 다른 사람을 붙잡고 "김 과장 성질이 아주 사나워. 같이 일하기가 너무 힘들어. 그렇지 않냐?"며 동조자를 찾을 것이 뻔하다.

투덜이가 상사일 경우에는 리액션을 달리해야 한다. 나의 입장에서는 불평으로 들리지만 상사로서는 당신이나 다른 누군가의 잘못된 부분을 지적하고 나름대로 훌륭하게 업무 지시를 하고 있다고 생각한다. 때문에 자신의 말을 귓등으로 듣고 있다는 생각이 들면 화가 치밀고 복수를 생각할 것이다.

아무리 투덜이라 하더라도 상사라면 무시하기 어렵다. 귀담아 듣는 시늉이라도 해야 한다. 상사가 불평을 쏟아낼 때는 짧게라도 눈길을 마주쳐야 한다. 가끔 '그렇군요' 하는 표정도 짓는 것도 좋다. 그래야 분노하지 않고 불평도 적당한 선에서 그친다. 물론 버릇없다는 소리도 듣지 않는다.

상사의 불평이 지속적으로 이뤄질 경우 "아, 그렇군요", "맞습니다", "그럴 수 있겠네요", "무슨 말씀인지 이해가 됩니다" 하고 우선 긍정을 해준다. 그런 다음 "상황이 이러저러하고 앞으로 이러저러할 것으로 예상되니 이렇게 해보도록 하겠습니다"하고 마무리하는 것이 좋다.

조직에서 공공의 적으로 통하는 투덜이 상사일지라도 남들 앞에서 비난을 하거나 반대하는 일은 없도록 하는 것이 좋다. 아무리 투덜이라 해도 상사는 상사대로의 자존심이 있다. 남들 앞에서는 가급적 웃는 낯으로 긍정하고 인정해 주자. 해야 할 말이 있으면 반듯하고 자신감 넘치는 태도를 갖되 정중함을 잃지 말아야 한다. 사람들이 없는 곳에서 따로 대화하는 것도 방법이다.

**불평불만에 적당히 호응하는 리액션**

1. 투덜이의 불평에 적극적인 관심을 갖지 마라

2. 투덜이의 불평에 맞장구치지 마라

3. 때로는 투덜이의 불평을 지적하라

4. 때로는 투덜이에게 방향을 일러줘라

5. 상사 투덜이에게는 듣는 시늉이라도 해라

6. 상사 투덜이의 면전에서 반대하거나 거절하지 마라

7. 상사 투덜이와 둘만의 시간을 가져라

## / 우물쭈물 우유부단한 햄릿

"돌다리도 두들겨 보고 건너라"는 말이 있다. 하지만 신중함이 지나쳐도 문제다. 신속한 판단과 결정이 요구되는데도 이리 살피고 저리 살펴 우물쭈물하다가 일을 망칠 수 있기 때문이다. 타이밍이 중요하다. 아무리 훌륭한 결정이라도 타이밍을 놓치면 아무 소용이 없다.

인생은 선택과 결정의 연속이다. 직장이나 사회생활을 하는 데 있어서도 마찬가지다. 업무를 수행하다 보면 판단하고 결정해야 할 일들이 끝없이 이어진다. 그런데 무엇인가를 결정해야 할 순간마다 '어떻게 하지?'라며 진땀을 흘리는 사람이 있다. 오랫동안 같은 일을 해왔음에도 불구하고 스스로 판단하고 결정하지 못해 전전긍긍하는 것이다. 문제는 이런 사람들이 자신이 판단하고 결정해야 할 일을 상사나 주위 사람들에게 의지한다는 것이다.

물론 동료나 조직 구성원이 잘 판단하고 결정할 수 있도록 도와줄 수는 있다. 하지만 습관적으로 이런 일이 반복되는 것은 정상적인 상황이 아니다. 스스로 판단하고 결정하지 못한다는 것은 자신의 업무에 대한 책임과 권한을 포기한다는 것이고 그것은 조직원으로서 치명적인 결함이 있다는 뜻이다.

여행사에서 3년째 일하고 있는 양 대리. 전화 통화를 하다 말고 수화기를 손으로 막고 주위를 두리번거린다. 아무도 그녀와 눈을 마주치지 않으려 한다. 고객과 상담하다 말문이 막힌 양 대리는 당장 도와줄 흑기사를 찾는 것이다. 그녀에게는 이런 일이 하루도 빠짐없이 일어난다. 그녀가 맡고 있는 업무와 관련된 전화 상담이고 고객도 그녀 담당이다. 때문에 그 일과 관련된 것이라면 그녀가 제일 잘 알고 있을 뿐 아니라 경험도 많다. 그러나 그녀는 스스로 결정하지 못한다.

양 대리는 자신이 아닌 누군가가 판단하고 결정해 줘야 안심을 한다. 사소한 일이라도 스스로 결정하지 못한다. 식사를 같이 하더라도 먼저 메뉴를 선택하는 법이 없다. 그녀는 쉼 없이 묻는다. "이건 어떻게 해야 할까요?", "이럴 땐 어떤 걸 선택해야 되죠?", "지시를 내려주세요". 사무실 직원들은 그녀와 눈을 마주치는 것조차 싫어한다.

사느냐 죽느냐 그것이 문제로다. 쉽게 결정하지 못하고 우물쭈물하는 사람을 햄릿형 인간이라고 한다. 햄릿들은 의외로 많다. 어쩌면 모두가 햄릿인지도 모른다. 하지만 정도의 차이가 있다. 매 순간마다 습관적으로 머뭇거리고 주저하는 사람이 있다. 이런 사람은 자신은 물론 조직에도 해를 입힌다.

주어진 목표를 향해 열심히 달려가고 있는데 한두 사람이 머뭇거리는 바람에 타이밍을 놓쳐 일을 그르칠 수 있다. 자신의 업무를 수행하느라 정신이 없는데 옆에서 자꾸 도와달라고 졸라대면 난감해질 수밖에 없다. 모른 척했다가 그것 때문에 나중에 조직 전체의 일이 잘못되지는 않을까 걱정이고 매번 나서자니 여간 성가신 게 아니다.

햄릿들은 매사 맺고 끊는 것이 부족하다. 승낙을 해야 할지 거절을 해야 할지 스스로 판단하지 못하기 때문에 항상 애매한 태도를 취한다. "아, 그렇기 한데 그게 좀 그래서⋯⋯" 하고 주저하다가 "다시 더 생각해 보겠습니다"라고 말하거나 아예 화제를 다른 데로 돌리기도 한다. 나중에 또 그에 관해 질문을 하면 "예, 그렇게 하는 게 좋을 것 같은데 어떠세요? 그게 정말 좋을까요?" 하고 되묻는다. 자신이 예스냐 노냐를 결정해야 할 순간에 오히려 상대에게 공을 넘김으로써 어이없게 하는 것이다. 짜증이 난 상대가 "그렇다면 그렇게 하라는 걸로 알고 그렇게 하겠습니다"라고 말하면 입을 꾹 다물어버린다.

결국 이 문제에 대한 결정은 상대가 한 것이 된 셈이다. 다행히 결과가 좋으면 괜찮지만 그렇지 않다면 문제가 커진다. 과연 누가 잘못한 것인지를 놓고 한바탕 소란이 일어날 게 뻔하다. 햄릿은 자신은 그렇게 하는 게 좋겠다고 말한 적이 없다고 주장할 것이고, 상대는 햄릿이 그렇게 하라고 한 걸로 알아들었다고 맞설 것이다.

햄릿들은 또 시간관념이 희박하다. 매사 맺고 끊는 것에 익숙하지 않기 때문에 시간을 정확하게 지키는 데에도 미숙하다. 중요도에 따라 일의 순서를 정하고 정해진 시간에 맞춰 일을 해내지 못하기 때문에 마감 시간을 넘기기 일쑤다. "나중에 하면 되지", "한꺼번에 다 할 거야"라는 말을 입에 달고 산다. 마감 시간이 지났거나 약속 시간을 맞추지 못했을 경우에도 전혀 미안해 하거나 당황하지 않는다. "하려고 했어요", "일부러 그런 게 아니에요"라며 무슨 큰일이라도 생겼느냐는 투로 반응한다.

## 햄릿을 자립하게 하는 리액션

햄릿형 인간들이 결정을 미루고 우물쭈물하는 것은 책임감이 부족하기 때문이다. 상황을 정확하게 판단하고 최선의 해결책을 찾을 능력이 모자란 탓도 있지만 그보다는 나중에 문제가 생겼을 경우 자신에게 주어질 책임이 두려운 것이다.

햄릿들에게는 처음 일을 배당할 때부터 확실하게 챙겨야 한다. 과연 주어진 업무를 제대로 수행할 능력이 있는지, 마감 시간은 잘 맞출 수 있는지 명확하게 확인해야 한다. "어때요? 이 일은 충분히 처리할 수 있겠어요?"라고 묻고 "그렇습니다"라는 답을 들어야 한다.

만약 이때 햄릿이 머뭇거리고 자신 있게 대답하지 않으면 "일이 너무 과한가요? 부담스러운가요?"라고 묻는다. 햄릿이 그렇다고 하면 몇 가지 안을 제시하고 스스로 선택하게 한다. 햄릿은 그마저도 주저하기 때문에 이런 저런 안을 제시해 줘야 한다. 그런 다음 "분명히 이 업무는 이 범위 안에서 이렇게 책임지고 처리하기로 했습니다" 하고 다시 한번 더 확인시켜 주자.

그 다음에는 어느 부서 누구를 만나 협조를 구할 것인지, 예산은 얼마로 할지, 마감일은 언제로 할 것인지 등 절차에 관해 세세하게 정해 놓는다. 이렇게 되면 햄릿은 스스로 결정했다는 생각이 들기 때문에 책임감을 떨칠 수 없다. 나중에 남의 탓을 하거나 원망을 할 여지가 없는 것이다.

햄릿은 이렇게 해놓고서도 막상 일이 진행되면 쉼 없이 묻고 또 물을 것이다. 그때마다 일일이 친절하게 나서서 해결해 줘서는 안 된다. "방향을 그렇게 잡았으니 자신감을 갖고 결정해 보도록 하세요", "그것은 양 대리가 알아서 결정할 사항입니다" 하고 분명하게 말해 줘야 한다. "만약 일이 잘못되면 누가 책임질 겁니까? 그 업무는 양 대리 담당입니다. 그러니 책임감을 갖고 스스로 결정하도록 하세요" 하고 확인시켜 줄 필요도 있다.

햄릿들과 일할 때는 메모 습관이 매우 중요하다. 햄릿들은 일이 잘못되었을 때 자신의 잘못이 아니라며 발뺌을 하거나 그런 말은 한 적이 없다며 시치미를 떼기도 한다. 그럴 때를 대비해서 햄릿과 나누었던 대화 날짜와 시간, 내용 등을 꼼꼼하게 기록으로 남겨야 한다. 말로 하는 것보다 기록을 들이대며 반론을 펼치면 제아무리 햄릿이라도 수긍하지 않을 수 없다.

햄릿을 대할 때는 마음을 단단하게 먹어야 한다. 그들이 선뜻 결정을 내리지 못해 안절부절하는 모습을 보면 연민의 정이 솟구쳐 도와주지 않고는 못 배기겠다는 사람이 있다. 물론 심성이 착하고 좋아서 그렇겠지만 이는 햄릿 본인이나 조직에 아무런 도움이 되지 않는다.

햄릿들이 노리는 것은 누군가 반드시 자신을 돕도록 하고야 말겠다는 마음이다. 자신은 연약하거나 혹은 마음이 너무 여려서 함부로 결정할 수 없으니 도움을 받아야 한다고 생각하고, 상대도 그렇게 여기도록 하겠다는 것이다. 그 때문에 진짜 마음 약한 사람은 그런 햄릿을 도와주지 않으면 자신이 나쁜 사람이 된 것처럼 죄책감에 시달리기도 한다. 그러나 '불쌍하다, 도와주자'라고 생각하는 순간 햄릿의 전략에 말려드는 것이다. 햄릿은 그런 순수하고 아름다운 마음을 노린다. 약한 자에 대한 배려심과 이타심이 당신을 햄릿의 먹잇감으로 만드는 것이다. 어설픈 동정은 하지 않는 것이 낫다.

햄릿이 큰 곤경에 빠졌을 때는 도와줄 수 있다. 하지만 매일 반복되는 별일 아닌 것에까지 일일이 돕겠다고 나서면 안 된다. 그렇게 되면 남에게 의존하고 책임을 회피하려는 햄릿의 버릇은 더욱 나빠질 것이고 당신 역시 햄릿으로 인해 예상치 못한 불이익을 당할 수 있다.

**햄릿에게 결단을 유도하는 리액션**

**1. 햄릿 스스로 업무량을 결정하도록 하라**

**2. 햄릿 스스로 업무 절차를 정하도록 하라**

**3. 햄릿에게 책임감을 심어줘라**

**4. 햄릿의 결정을 유도하고 존중해 줘라**

**5. 햄릿과 일할 때는 메모 습관을 들여라**

**6. 햄릿을 대할 때는 마음을 단단히 먹어라**

## / 지나치게 공격적인 고슴도치

고슴도치처럼 날카로운 가시로 상대를 위협하며 자신을 지키는 사람들이 있다. 누군가 자신의 이익을 침해한다고 느끼면 즉시 가시를 세우고 상대를 공격한다. 가시가 촘촘히 박힌 단단한 피부는 외부의 위협으로부터 자신을 지켜주는 피난처다.

이런 사람을 고슴도치형이라 부른다. 이들은 오만함으로 똘똘 뭉쳐 다른 사람을 우습게 알고 눈곱만큼도 손해보지 않으려 한다. 고소득을 보장받는 전문직 종사자나 일류 대학을 나온 사람들 중에 고슴도 치형이 많다.

고슴도치들은 자신이 세상에서 가장 우월하며 내 의견만 최고라는 생각에 빠져 있다. 때문에 자신에게 반대하거나 적극적으로 지지하지 않으면 바로 응징하겠다고 협박하거나 불같이 화를 낸다. 자신의 의견을 관철시키고 이익을 지키는 고슴도치의 가시 같은 무기가 바로 학벌과 고소득, 사회적 명성 등이다.

광고홍보 회사의 홍 과장은 최고 명문대를 졸업했다. 그는 회의를 할 때면 언제나 가장 먼저 발언한다.

"이번 광고 건의 주제는 '지평선 너머'로 해야 합니다."

팀장이 묻는다. "무슨 뜻인가요?"

"광고주 기업의 내년 목표는 국내 시장을 넘어 해외 시장으로 진출하는 것입니다. 그래서 지평선 너머로 정했습니다."

팀장이 고개를 끄덕인다. 홍 대리는 득의만만한 표정으로 좌중을 둘러보더니 자신감 넘치는 표정으로 말을 이어간다.

"이번에는 국내 모델이 아니라 해외 유명 모델을 기용해 광고주 기업의 해외 진출 의지를 과시하고, 해외 소비자의 관심을 끌어 모아야 합니다."

이때 이 대리가 한마디 한다.

"오늘은 주제를 정하기로 했습니다. 그래서 다들 나름대로 주제로 내세울 만한 것들을 준비해 왔습니다. 먼저 한번씩 들어보는 게 순서 아닐까요?"

팀장이 말한다. "아 그렇지. 그럼 이 대리부터 이야기해 보지."

홍 과장의 표정이 싸늘하게 변한다. 그러거나 말거나 이 대리가 말한다.

"저는 국내 최고의 명품이란 주제를 잡아보았습니다. 광고주 기업의 제품은 아직 국내 1위로 자리잡지 못했습니다. 그래서 내년에는 국내 시장 석권을 목표로 해야 한다고 생각합니다. 해외 시장 진출은 그다음이라고 생각합니다."

홍 과장이 버럭 소리를 지른다.

"글로벌 시대에 국내 시장, 해외 시장이 어디 있어? 해외 시장에서 먼저 인정받은 다음 역으로 국내 시장으로 들어오는 것도 전략이라고!"

이 대리가 뜨악한 표정으로 말문을 닫는다. 팀장도 마른기침만 한다. 모두 조용하다.

홍 과장은 매사 이런 식이었다. 자신의 의견에 조금이라도 반대하면 눈을 부릅뜨고 역공세를 취했다. 때문에 동료나 부하직원들은 그와 대화하는 것 자체를 싫어했다. 상사들 역시 잘못 건드렸다가는 망신당할 수 있다는 생각에 가능하면 논쟁이 될 만한 화제는 꺼내지 않았다.

다른 조직원들의 불만은 쌓여만 갔다. 하지만 누구도 나서지 않으려 했다. 부하직원들은 그를 두려워했고 동료들은 더러워서 피한다고 했다. 상사들은 시끄러워진다며 못 본 체했다.

홍 과장은 또 직속 상사인 팀장을 젖혀두고 상무나 사장과 독대하기도 했다. 팀장에게는 귀띔도 하지 않고 윗사람을 만나 중요한 문제를 의논하거나 결정하기를 여러 번. 화가 난 팀장이 정색하고 여러 차례 경고했지만 건성으로 들었다.

팀장은 물론 동료나 부하직원들에게 홍 과장은 눈엣가시였다. 하지만 어쩔 도리가 없었다. 윗선에서는 홍 과장이 명문대 출신에다 추진력과 판단력이 있다고 생각하는 모양이었다. 홍 과장은 그런 상황을 알고 즐기는 듯했다.

## 고슴도치의 가시에 찔리지 않는 리액션

고슴도치들은 자신의 무기를 맹신하는 경향이 있다. 좋은 대학을 졸업했다면 어떤 상황과 조직에서도 이를 최대한 활용한다. 자신은 명문

대학 출신이기 때문에 언제나 최고의 아이디어를 내놓는다고 착각한다. 자신에 대해서는 종교처럼 단단한 믿음을 가지는 반면 다른 사람은 수준이 낮거나 하찮은 존재라 여긴다.

고슴도치들은 조직 구성원들을 동지라고 여기지 않는다. 자신의 훌륭한 의견을 잘 따라오기만 하면 되는 수동적인 존재로 여긴다. 그렇기 때문에 자신의 의견에 토를 달거나 반대하는 것은 용납하지 못한다. 의견에 분명 오류가 있어 지적해도 "뭘 안다고 그래?"라고 힐난하거나 은근슬쩍 다른 화제로 돌려 상대의 약점을 공격한다. 결코 잘못을 인정하지 않는다.

고슴도치와 상대할 때는 조심하되 단호해야 한다. 괜히 잘못 말했다가 망신을 당하거나 상처를 입지 않을까 두려운 생각이 든다면 차라리 침묵하라. 고슴도치들은 당신이 겁을 먹고 있는지, 긴장하고 있는지, 자신감이 없는지 귀신같이 알아챈다. 긴장하거나 겁을 먹은 상태에서 고슴도치에게 말을 걸었다가는 하고 싶은 말을 하기도 전에 "네 주제를 알란 말이야!" 하고 무안을 당할 것이다. 그런 일을 몇 번 당하고 나면 나중에는 아예 고슴도치와 말을 섞을 엄두를 내지 못한다.

만약 고슴도치에게 할 말이 있으면 미리 호흡을 가다듬고 마음을 진정시켜라. 그리고 정확하게 해야 할 말이 무엇인지 정리해 보자. 고슴도치의 의견에 반대하는 것이라면 더욱 더 그렇다. 고슴도치와 말을 할 때는 근거를 확실히 마련하는 것이 좋다. "경쟁사의 신제품이 소비자들에 어필하는 것은 가격 경쟁력 때문이라는 설문 조사 결과가 나왔다", "이 달 들어 애프터서비스가 500건 증가했다"는 등 구체적인 데이터를 근거로 의견을 피력해야 한다.

고슴도치들은 폭군의 기질도 있고 안하무인으로 행동한다. 그래서 처음에는 칭찬과 긍정을 해주는 것이 전략적으로 유리하다. "예. 무슨 말씀인지 충분히 이해했습니다", "예. 맞는 말씀입니다" 등 고슴도치의 기분을 좋게 하는 말을 해준다. 그리고 반론을 펼칠 그 자리에서 바로 하기보다 일단 물러나 시간을 갖는다. 그런 후 다시 만나 "제가 좀 더 알아보니 이런 점이 있었습니다"라며 부드럽게 말을 시작한다. 물론 당당한 태도를 유지해야 한다. "상황이 이러이러하므로 이렇게 하는 게 좋을 것 같습니다" 하고 말을 이어가는 것이다.

고슴도치들은 잔인한 반면 외로운 구석도 있다. 남이 보기에는 자부심이 줄줄 흘러넘치는 것 같지만 의외로 내면에는 열등감이 웅크리고 있을 수도 있다. 고슴도치들은 이룬 것에 대한 자부심보다 이루지 못한 것에 대한 회한, 자신보다 못한 사람에 대한 우월감보다 자신보다 잘난 사람에 대한 열등의식이 더 높을 가능성이 크다. 때문에 부족한 부분에 대한 짜증과 갈망으로 고슴도치처럼 가시를 세우는 것이다. 그러므로 고슴도치와 상대해야 할 상황이라면 인간적으로 따뜻하게 대해 주는 것이 좋다. 아부하는 것이 아니라 '그래 잘난 척하는 당신도 알고 보면 외로운 존재야!'라며 크게 생각하고 바라보는 것이다.

당신이 너그럽게 마음을 활짝 열고 다가서면 고슴도치도 어느 순간 가시를 내리고 웅크렸던 마음을 열어 보일 것이다. 그러면 고슴도치가 당신 편이 되는 것이다.

### 가시에 찔리지 않는 방어의 리액션

1. 고슴도치와 상대하기 전 마음을 다스려라

2. 고슴도치와 대화할 때는 확실한 근거를 마련하라

3. 고슴도치는 당당하고 자신감 넘치는 태도로 대하라

4. 고슴도치의 면전에서 반박하지 마라

5. 칭찬과 긍정으로 고슴도치의 기분을 좋게 하라

6. 고슴도치도 알고 보면 외로운 존재라는 것을 알라

7. 고슴도치의 마음을 열려면 내 마음을 먼저 열어라

Change
of
Reaction

## 03

상황에 따라
사용하는 본격 리액션

Reaction!

# 이럴 때는
# 이런 리액션

세상 일이 다 내 뜻대로 되지는 않는다. 그러나 잘 생각해 보면 뜻대로 되지 않는 것은 도저히 어떻게 할 수 없는 불가항력적인 이유 때문만이 아니다. 환경이나 다른 사람의 영향력 때문에 어쩔 수 없는 상황이라고 여기지만 사실은 내 잘못인 경우가 많다. 자신의 잘못된 판단과 행동으로 야기된 결과임에도 그것을 인정하기보다는 주위 탓을 하거나 핑계를 대는 수가 많은 것이다.

마음씨 좋고 잘생긴 정 대리의 아침 출근길 지하철 안. 역시나 오늘도 만원이다. 그때 마침 바로 앞에서 고개를 찧으며 졸고 있던 젊은 여성이 화들짝 놀란 표정으로 자리를 박차고 나간다. 빙고! 이게 웬 떡인가. 그러나 마음 약한 정 대리는 선뜻 앉지 못한다. 옆에 서 있던 사람들 눈치가 보인 것이다. 3초 정도 쭈뼛거리는 사이 어디서 나타났는지 덩치 큰 젊은 녀석이 털썩 자리에 앉는다. 정 대리, 허망하고 허망하다.

하루 에너지 중 벌써 절반은 써버린 것 같은 몸으로 회사에 도착한다. 오늘 당장 해치워야 할 일이 태산이다. 외주업체 미팅, 월 결산 보고서 작성, 부장님 출장에 대비한 서류와 항공권 예매…… 숨이 턱 막힌다. 무엇부터 해치워야 하나 난감하다. 결산 보고서 작성을 먼저 하기로 하고 서류를 들여다보기 시작한다. 머리를 쥐어뜯으며 몰입하려 했지만 마음뿐이다. 끊임없는 전화벨 소리, 과장님과 부장님의 호출, 밀려드는 이메일. 정신이 하나도 없다. 그런 와중에 옆자리에 앉은 미녀 여사원 선영 씨가 어깨를 툭 치며 다가온다.

"정 대리님, 중국 지사에서 연락이 왔는데요, 오늘 선적하기로 한 물량을 실을 수 없다는데 어떻게 하죠?"

"왜요?"

"잘 모르겠어요."

정 대리, 황당하다. "잘 모르겠다니? 확인도 안 해봤어요?"

"글쎄요. 리펑 주임한테 물어봤는데 자기도 모르겠다는데요."

"뭐가 잘못됐는지 다시 확인해 봐요. 그래야 무슨 조치를 취하든지 할 것 아니에요."

선영 씨가 총총히 사라지자 정 대리는 다시 자신의 일에 몰입한다. 그런데 얼마 후 선영 씨가 또 다가온다.

"정 대리님, 리펑 주임도 모르겠다고 하고 장 하이샤 경리도 모르겠다는데요."

정 대리는 알았다고 대답한 후 중국으로 전화를 건다. 리핑 주임, 장 하이샤 경리, 그 외에 여러 곳과 통화를 했다. 중국어, 영어, 한국어를 마구 섞어가며 통화하는 사이 어느덧 점심시간. 사무실 사람들이 일제히 일어선다. 그때 선영 씨가 다가와 밥을 먹자고 한다. 정 대리는 난감했다. 아직 문제 파악도 제대로 안 된 상태. 그런데 선영 씨는 지금 이 상황에서 밥을 먹으러 가고 싶은 걸까? 그러나 정 대리는 엉거주춤 일어선다. 지난밤 과음을 한 탓에 속이 좋지 않다. 얼큰한 짬뽕이라도 먹었으면 좋겠다. 그러나 이런 마음과 달리 선영 씨는 요 앞에 새로 생긴 돈가스 집에 가자고 한다. 이윽고 숙경 씨, 은영 씨, 혜숙 씨, 미진 씨, 김 과장이 펭귄 떼처럼 줄지어 나서고 정 대리도 엉거주춤 따라 나선다.

식사 후 더부룩한 속으로 책상에 앉은 김 대리. 중국 지사의 선적 건은 여전히 오리무중이고 결산보고서는 제자리걸음이다. 그 와중에 별로 친하지도 않은 동창생과 저녁 약속을 하고 당장 굶어 죽을지도 모른다며 징징대는 친척 누나의 부탁에 필요도 없는 보험에 덜컥 가입한다. 전화로 가입하는 보험이라 20분 넘게 전화기를 붙들고 있었다. 하루해가 빛의 속도로 흘러간다. 하지만 정 대리의 일은 아침 상황 그대로다.

뭐 이런 사람이 다 있나 싶지만 이런 사람이 실제로 있다. 이렇게 자신의 의지와 상관없이 남의 일을 떠맡아 고생을 하거나 똑 부러지게 거절하지 못해 손해를 보는 경우는 얼마든지 있다. 살다보면 손해를 볼 때도 있고 억울하게 고생을 할 때도 있다. 하지만 그것이 반복적으로 이뤄지고 그로 인해 불행하다고 느껴진다면 문제가 아닐 수 없다.

살다보면 거절하거나 부탁할 때도 있고 질책하고 사과해야 할 때도 있다. 그런데 사과를 해야 할 자리에서 도리어 화를 낸다거나, 부탁을 해야 할 상황에서 거만한 자세를 보인다거나 해서는 안 된다. 주어진 상황에서 가장 적절하고도 효과적인 행동을 해야 한다. 즉, 리액션의 기술이 필요한 것이다.

## / 거절의 리액션

정 대리는 마음이 참 좋다. 그래서 사람들이 좋아한다. 그 사실은 본인도 잘 알고 있다. 착한 것이 자신의 운명이라 생각한다. '참 좋은 사람이야. 정말 진국이야' 같은 소리를 들어야 직성이 풀린다. 자신에 대한 비판을 듣는 것이 두렵기만 하다. 그게 문제다. 정 대리는 너무 착한 나머지 결코 거절할 줄 모른다. 분명한 것은 정 대리만큼 세상 사람들이 다 착하지는 않다는 점이다. 대단히 유감스럽지만 많은 경우 착한 사람이라고 평가받는 순간 이용당할 가능성이 높다. 착하다고 칭찬하면서 속으로는 '저 사람은 결코 거절하지 못할 거야!'라고 생각한다. 그래서 무리라는 것을 알면서도 아무렇지도 않게 부탁이나 제안을 한다. 정 대리처럼 냉정하다는 소리를 듣는 것이 무엇보다 두려운 사람이라면 늘 그런 위험에 노출돼 있는 것이다.

정 대리는 착한 사람 증후군에 빠져 있다. 남들로부터 냉정하다는 소리를 듣지 않고 늘 착한 사람이라는 인식을 심어줘야만 안심이 된다. 당장 큰 손해를 입거나 불이익을 당하는데도 착한 사람이기를 포기하지 않는다. 지나치면 병이다. 착한 것은 미덕이지만 지나치면 착하지 않은 것만 못하다.

착한 사람 증후군에서 벗어나려면 거절할 줄 알아야 한다. 착한 사람 소리를 듣지 못할까 봐 두려워하면 안 된다. 거절하지 못하고 계속해서 무리한 부탁을 들어주거나 지시에 따르면 결국 자신이 피폐해진다. 사람들이 착하다고 입에 발린 칭찬을 늘어놓으며 자신을 이용한다는 사실을 알아야 한다. 자신의 업무나 책임을 '착한 사람'에게 떠넘기면 조직도 경쟁력을 잃게 된다. 조직과 구성원 모두 망가진다. 착한 사람이 가장 큰 손해를 보는 것은 말할 것도 없다. 사람은 백이면 백, 모두로부터 좋은 사람이라는 소리를 들을 수는 없다. 각자 생각과 처지가 다르기 때문이다. 절반이 좋은 사람이라고 이야기해 주는 정도만으로도 대성공이다. 때로는 냉정한 사람이라는 소리도 들을 각오를 해야 한다. 각자 주어진 업무를 책임지고 제대로 수행하기 위해서도 그렇고 조직의 건전한 운영과 발전을 위해서도 그렇다. 거절할 줄 알아야 하는 것이다.

그렇다면 우선 거절하는 방법을 알 차례다. 그러기 위해서는 거절했을 경우 생길 이득에 대해 인지해야 한다. 만약 상사의 정당한 지시를 별 이유 없이 거절한다고 치자. 당장 해고를 당하거나 다른 부서로 쫓겨날 수 있을 것이다. 군대라면 항명으로 징계를 받을 수도 있다. 거절하려고 한다면 왜 거절해야 하는지 알아야 하는 것이다.

거절의 이유는 첫째, 내가 도저히 감당할 수 없는 업무를 지시받거나 부탁받을 때. 두번째, 내 업무가 아닌 일이 주어졌을 때. 세번째, 일의 순서상 어쩔 수 없는 상황이다. 일을 처리해야 할 순위를 따졌을 때 지시나 부탁대로 수행할 수 없는 상황일 때를 말한다. 그 외에 그 일로 인해 스트레스가 너무 높아진다거나 그 일로 인해 정작 내가 갖고 있는 중요한 재능을 발휘할 기회를 잃는 것 등이 있을 것이다. 이런 것들이 복합적인 요인일 수도 있다.

거절해야 할 이유를 찾았다면 거절하는 요령을 알고 실행해 보자. 상사의 지시나 누군가의 부탁을 받았을 때, 당장 거절할 수밖에 없는 이유가 분명하다면 그 자리에서 거절하도록 하자. 거절하는 이유를 분명하게 말하되 그것을 상대가 납득할 수 있도록 근거를 제시하고 상황을 이해할 수 있도록 해야 한다.

성질 급한 박 과장이 지시를 내린다.

"정 대리, 이달 매출 실적 분석하고 다음 달 마케팅 전략 수립 건 오늘 안으로 끝내도록 하세요."

정 대리는 난감하다. 매출 실적 분석은 영업팀 업무고 다음 달 마케팅 전략 수립도 영업팀으로부터 매출 실적 자료가 넘어와야 한다. 마음 약한 예전의 정 대리라면 알겠다고 대답한 후 속으로 끙끙댔을 것이다. 하지만 착한 사람 증후군에 벗어난 그는 이렇게 말한다.

"예. 과장님, 잘 알겠습니다. 매출 실적 자료는 영업팀에서 오늘 안으로 받을 수 있을지 확인하겠습니다. 오늘 자료를 받기 어려우면 재촉해서 빨리 넘겨받도록 하겠습니다. 가능하면 오늘 안으로 될 수 있도록 최선을 다하겠습니다. 만약 어렵다면 최대한 빠른 시일 내에 완성하겠습니다."

박 과장, 살짝 놀란다. 어제의 착한 정 대리가 아니라 거절할 줄 아는 정 대리가 아닌가. 거절을 하되 그 요령을 잘 알고 있는 것이 신기하기만 하다. 정 대리는 우선, 당장 오늘 안으로 박 과장이 지시한 업무를 해낼 가능성에 대해 정확하게 설명했다. 영업팀으로부터 자료를 넘겨받는 것이 우선이라는 사실을 박 과장에게 설명한 것이다. 또한 박 과장의 지시가 현실을 무시한 측면이 있음에도 그걸 지적하지 않고 알겠다며 긍정하고 받아들였다. 최선을 다하겠다고도 했다. 그런 다음, 영업팀으로부터 자료를 받아야 업무를 진행할 수 있으며 그것이 업무 종결 시점과 절대적으로 관계가 있다는 상황을 설명했다. 마지막으로 오늘 안으로 끝낼 수도 있지만 오늘이 아니라면 최대한 빨리 끝내도록 하겠다고 다짐을 했다. 박 과장을 안심시킨 것이다.

여기서 가장 중요한 점이 바로 이것이다. 거절하는 이유를 설명하는 데 그치지 않고 대안을 제시했다는 것이다. 거절을 할 때, 특히 상사의 지시일 경우에는 이처럼 반드시 대안을 제시해야 한다. "사정이 이러이러하니 이렇게 하도록 하겠습니다" 하고 상대가 믿고 안심할 수 있도록 하자.

**효과적인 거절의 리액션**

**1. 착한 사람 증후군에서 벗어나라**

**2. 거절의 이유들을 인지하라**

**3. 분명하게 거절 의사를 밝혀라**

**4. 거절하는 이유의 근거를 제시하라**

**5. 대안을 제시하라**

# / 사과의 리액션

자신이 분명 잘못을 저질렀음에도 불구하고 구차하게 변명만 늘어놓는 사람이 있다. 변명을 잘하는 사람의 특징은 변명거리를 기막히게 잘 찾는다는 것이다. 모든 잘못은 자신이 아니라 주위 사람이나 환경 탓이며 그래서 자신은 결코 책임이 없고 사과할 이유도 없다고 생각한다.

우선 나부터 이런 종류의 사람으로 보이고 있지는 않는지 잘 생각해 봐야 한다. 본인은 굉장히 훌륭하고 깔끔한 사람이라고 생각하지만 정작 다른 사람들은 정반대로 인식하고 있을 수 있다. 문제가 발생했을 때 그에 대한 책임을 묻거나 잘못을 지적당하게 되면 본인은 멋지게 대응해 상황을 잘 모면했다고 생각할 수 있다. 하지만 상대 입장에서 보면 무슨 문제가 생길 때마다 그럴듯한 변명이나 핑계로 상황을 빠져나가는 잔재주꾼일 수도 있다. 염치가 없거나 책임감이 부족하다고 생각할 수도 있다. 신뢰감도 떨어질 것이다.

잘못된 상황이 빚어지고 그에 대한 책임이 자신에게 조금이라도 있으면 일단 인정하는 것이 좋다. 잘못된 부분은 깨끗하게 인정하고 책임질 상황이라면 기꺼이 책임지겠다고 나서는 게 좋다. 그렇다고 다른 사람의 눈치를 살피느라 모든 책임을 혼자 다 뒤집어쓰고 감당하지 못할 상황에 빠져들라는 말이 아니다.

일이 잘못되었을 경우 먼저 상황을 파악해야 한다. 무엇이 얼마나 잘못되었는지 그에 대한 책임은 누구한테 어느 정도 있는지 냉정하게 판단해야 한다. 그러나 분명 내 잘못이 아닌데도 상사나 동료의 모함으로 책임을 뒤집어써야 할 상황이라면 문제가 달라진다. 그럴 경우에는 분명하게 책임 소재를 따져 불이익을 당하지 않도록 해야 한다. 그러나 다른 구성원들과 책임 소재를 놓고 시시비비를 가릴 상황이 아니라 전적으로 자신의 문제로 빚어진 상황이라면 대응을 잘해야 한다. 다른 사람의 협조가 부족하거나 무성의한 태도 때문에 일이 잘못되었을 수도 있고 피치 못할 상황 때문에 일을 그르칠 수도 있다. 그렇다 하더라도 잘못된 상황 자체는 먼저 인정해야 한다.

영업팀 윤 대리는 오늘 안으로 B 사와 계약을 체결하기로 했다. 오늘 오후 5시에 B 사에 들어가기로 돼 있었고 4시에 출발하기로 마음먹었다. 4시가 되자 윤 대리는 총무팀으로 갔다. 민정 씨로부터 서류를 받아 B 사로 갈 생각이었다. 그런데 총무팀에 민정 씨가 보이지 않았다. 민정 씨 옆자리의 박 대리에게 물어보니 잘 모르겠다고 했다. 당황한 윤 대리는 민정 씨의 휴대전화로 연락했다.

"민정 씨, 저 윤대리입니다. 지금 어디세요?"

전화를 받은 민정 씨는 짜증 섞인 투로 말했다.

"요 앞 은행에 잠깐 왔어요. 왜요?"

윤 대리도 열이 확 오른다. "어제 부탁한 서류 어떻게 됐어요?"

"어머! 내 정신 좀 봐. 어떡하면 좋아!"

결국 윤 대리는 B 사와의 계약을 체결할 수 없었다. 다음 날 아침 출근하자마자 박 과장이 어제 계약에 대해 물었다. 윤 대리는 머리를 긁적이며 대답했다.

"그게……. 어제 총무팀에서 서류 준비를 제대로 해주지 않아서 못했습니다."

박 과장이 황당한 표정으로 말한다. "뭐? 그게 무슨 소리야?"

"총무팀 민정 씨가 서류 준비하는 걸 깜빡했습니다."

윤 대리는 거듭 총무팀 민정 씨의 잘못으로 계약서를 마무리하지 못했다고 말했고 박 과장은 속이 타 들어가다 못해 분노가 폭발한다.

"자네는 그래서 잘못한 게 하나도 없다는 얘기인가? 서류가 제대로 돼가고 있는지 미리 미리 챙겼어야지!"

"당연히 될 줄 알았죠. 어제는 다른 일 때문에 정신이 없었습니다."

"휴. 윤 대리 자네는 늘 그 모양이야. 뭘 똑 부러지게 챙기는 게 없어. 구구한 변명만 늘어놓고!"

윤 대리도 화가 치민다. 생각할수록 민정 씨가 미워진다. 자신은 잘못이 없는데 재수가 없다고 생각한다. 심지어 박 과장이 자신에게 그렇게 화를 내는 것도 잘못이라고 생각한다. 그런 생각을 하니 억울하고 또 억울하다.

당신이 박 과장이라면 윤 대리가 어떤 사람으로 보일까? 분명 스마트하다고 생각하지는 않을 것이다. 제대로 맡은 일을 처리하지 못했고, 그것을 자신의 잘못이 아니라 다른 사람 탓이라고 말하는 모습에서 그렇다고 여길 것이다.

이럴 경우 윤 대리는 박 과장이 묻기 전에 먼저 보고를 해야 했다. 중요한 업무상 차질이 있었다면 신속히 상황을 알려야 했다. 어제 이미 박 과장에게 보고하고 후속 조치에 대한 업무를 지시받거나 본인이 대안을 제시해야 했다. 또 계약을 체결하지 못한 사실 자체에 대한 잘못을 먼저 인정하고 사과해야 한다. 그런 다음 총무팀의 착오로 서류 준비가 미처 되지 않았기 때문이라고 설명해야 한다. 그리고 "제가 미리 서류를 잘 챙겼어야 하는데 다른 일 때문에 정신이 없어 그러지 못했습니다. 죄송합니다. 오늘 오전 중으로 B 사로 들어가 계약을 마무리하고 계약에 따라 시행하기로 한 업무가 오후부터 바로 시작될 수 있도록 조치하겠습니다"라고 말해야 한다. 이렇게 되면 무책임한 사람은 아니라는 인상을 심어줄 수 있다. 또 그 이후의 업무에도 차질이 없도록 하겠다고 보고함으로써 상사로부터 신뢰를 잃을 염려도 적어진다.

사과를 하려면 상황을 인정하고 진심으로 해야 한다. 가식적인 마음에 입으로만 사과하면 상대에게도 그대로 전달된다. 사과를 하니 알겠다며 받아들이는 척하지만 속으로는 진심이라고 생각하지 않는다. 진심은 통하게 마련이다. 작은 실수라도 진심으로 사과하면 그것이 오히려 전화위복이 돼 상황이 더 좋아질 수도 있다. 상대로부터 신뢰를 얻을 수 있을 뿐 아니라 더 친해지는 계기가 되기도 한다.

만약 실수가 컸고 그 때문에 진심으로 미안하다고 느껴지면 말로만 그치지 말고 이메일이나 문자 메시지 등 글로 표현해 보자. 글은 말이 갖지 못하는 묘한 힘이 있다. 직접 종이에 쓴 사과 편지도 상대의 마음을 움직일 수 있다. 자필 편지는 상대의 진심을 생생하게 느낄 수 있다. 조그마한 선물과 함께 사과 편지를 곁들이면 금상첨화다. 직장 상사나 동료뿐 아니라 고객의 마음을 움직이는 데도 그만이다.

그렇다고 사과를 너무 자주 습관적으로 하지는 말자. 무슨 일이 생길 때마다 습관적으로 사과하는 사람들이 있다. 처음에는 책임감이 있거나 솔직한 사람이라고 평가받을 수 있지만 시간이 지나면서 효력이 떨어진다. 진심으로 사과하기보다는 말로만 형식적으로 사과하는 것으로 인식된다. 양치기 소년의 사과처럼 진정성을 의심받게 된다.

분명히 부하직원이 잘못했는데도 따끔하게 지적해 주기는커녕 습관적으로 "내가 잘 챙기지 못했네"라고 말하는 것도 현명한 처사가 아니다. 부하직원이 실수를 저질렀다면 상사로서 책임감을 느끼는 것이 맞지만 수시로 자기 탓으로 돌린다면 부하직원은 잘못을 인정하지 않거나 진지하게 생각하지 않을 수도 있다. 같은 실수를 반복할 가능성도 크다. 상사로서 도의적인 책임을 느끼더라도 부하직원에게 분명하게 잘못을 지적하고 다시는 같은 일이 일어나지 않도록 하는 것이 옳다.

상대의 마음을 움직이는 사과의 리액션

1. 상황을 정확하게 판단하라

2. 잘못이 있다면 솔직하게 인정하라

3. 진심으로 사과하라

4. 사과의 편지를 전달하라

5. 때로는 선물과 함께 사과하라

6. 습관적으로 사과하지 마라

## / 부탁의 리액션

상대의 부탁을 거절하는 것 못지않게 부탁을 하는 일도 쉽지 않다. 부탁을 잘못했다가는 염치없는 뻔뻔한 사람이라는 소리를 들을 수 있다. 사실 부탁은 리액션이라기보다 액션에 가깝다. 하지만 부탁을 해야 위기를 모면할 수 있는 상황이라면 부탁을 하는 것이 곧 주어진 상황에 대한 리액션이라 할 수 있겠다.

부탁을 잘하지 못하는 사람들은 대개 마음이 약하다. 어렵게 부탁을 했다가 거절할까 봐 두려움이 앞서는 것이다. 부탁을 흔쾌히 들어주면 좋겠지만 그렇지 않을 경우 민망하고 창피할 것이라는 생각에 부탁할 엄두를 내지 못한다. 이런 사람들은 연애를 할 때도 마찬가지다. 정말 마음에 드는 이성이 있더라도 감히 표현을 못하고 속으로 끙끙 앓기만 한다. 친하게 지낼 기회를 포착하기 위해 눈치만 살필 뿐 "차 한잔 같이 하자"는 말도 꺼내지 못한다. 거절당했을 때 당할 부끄러움 때문에 사랑하고 좋아하는 마음을 표현할 용기를 잃어버리는 것이다. 결국 혼자 애를 태우다 사랑은 떠나고 평생을 두고 후회하기도 한다.

부탁도 마찬가지다. 거절당할 걱정만 하면 감히 부탁할 용기가 나지 않는다. 하지만 부탁을 해야 할 상황이라면 부탁을 해야 한다. 살면서 늘 모든 일을 다 알아서 할 수는 없는 노릇이다. 때로는 부탁을 하기도 하고 반대로 부탁을 들어주기도 하면서 사는 것이다. 직장 생활에서도 마찬가지다. 오히려 부탁을 함으로써 더 친해지고 가까워질 수도 있다. 영업상의 이익을 얻을 수도 있고 결정적 순간에 자신을 도와줄 지원군을 만들 수도 있다.

부탁을 하면 무엇을 얻을 수 있을까? 우선 왜 부탁을 해야 하는지 그 목적과 목표가 분명해야 한다. 부탁을 함으로써 이익을 얻을 것인지, 더 큰 손해를 막을 수 있을 것인지 목표를 명확하게 설정해야 한다. 부탁을 하지 않았을 경우 감내할 수밖에 없는 것이 무엇인지도 알아야 한다. 부탁을 했을 경우와 하지 않았을 경우 야기될 결과가 무엇인지 냉정하게 따져봐야 한다.

부탁을 하는 것이 분명 이익이 된다면 거절에 대한 두려움을 먼저 없애야 한다. 또한 만약 거절을 당했을 경우 어떤 결과가 일어날지 따져봐야 한다. 거절을 당했을 경우 불이익을 고스란히 떠안아야 하는 것은 분명하다. 부탁을 한 일 자체를 후회할 가능성도 있다. 불이익을 감내하고 그냥 넘어갈 것을, 공연히 부탁했다가 거절당하는 바람에 불이익은 불이익대로 당하고 나쁜 소문이 퍼져 평판이 더 나빠지는, 그야말로 혹 떼려다 혹 붙인 결과가 되어버리는 수가 있는 것이다.

그러므로 부탁과 관련된 여러 변수들을 곰곰이 잘 따져야 한다. 만약 부탁을 해서 거절을 당하더라도, 부탁을 하지 않았을 때보다 더 큰 손해를 입을 가능성이 높지 않다면 과감하게 부탁해야 한다. 단지 부끄럽고 창피하다는 생각 때문에 부탁하기를 주저한다면, 프로 정신이 부족한 것이다.

소심한 성격의 유 대리는 부탁을 해야 할 때마다 여간 힘이 드는 게 아니다. 혼자 처리하기 곤란한 일이 생겼을 때 동료나 상사의 도움을 요청해야 하지만 가슴만 두근거리고 마음이 불편해진다. 당장 해결해야 할 문제가 발생했는데도 주위를 돌아보며 눈치만 살핀다. 재우 씨도 바쁜 것 같고 선희 씨도 정신이 없는 것 같고 숙경 씨는 언제나 쌀쌀맞기 때문에 말도 못 붙이겠다. 그렇게 혼자 식은땀을 흘리며 우물쭈물하는 사이에 일은 더 엉망이 되고 만다.

식당에 가서도 소심한 성격이 그대로 나온다. 반찬이 떨어져도 "조금 더 주세요"라고 말하는 게 너무 힘들어 맨밥을 넘기기도 한다. 식당 종업원들이 바쁘게 돌아다니는데 부탁을 하면 싫어할까 봐 그렇다. 운 좋게 종업원과 눈이 마주쳐도 종업원은 유 대리의 마음을 읽지 못한다. 여기저기서 큰 소리로 불러대는 손님들을 응대하느라 정신이 없다.

업무가 내려오면 유 대리는 군말 없이 받아 처리하려고 애쓴다. 혼자 감당하기 힘들 때도 있다. 그럴 때면 끙끙댄다. 집에 가서도 스트레스 때문에 잠을 이루지 못하고 악몽에 시달리기도 한다. 그럼에도 도와달라고 부탁하지 못한다. 맡고 있는 업무가 자신의 재능이나 적성과 잘 어울리지 않는 것이 분명한데도 업무 조정이나 부서 이동 같은 부탁을 하지 않는다. 괜히 부탁을 했다가 능력이 없거나 무책임한 사람으로 낙인 찍히는 게 두렵기 때문이다. 조직에서 맡긴 일을 묵묵히 해치우는 게 도리이며, 그런 일로 부탁을 한다는 것이 떳떳하지 못한 로비 활동처럼 생각되기도 했다.

유 대리가 부탁을 하지 못하는 것은 소심한 성격 때문이다. 그렇다 하더라도 그런 행동은 프로에게 어울리지 않는다. 유 대리는 부탁을 해야 하는 이유를 먼저 명확하게 인지하지 못하고 있다. 부탁을 함으로써 업무를 원활하게 처리할 수 있고, 그렇게 되면 조직과 자신 모두에게 이익이 된다. 그럼에도 유 대리가 부탁을 하지 못하는 것은 부탁을 통해 이뤄낼 이익에 대해 냉정하게 판단하지 못하기 때문이다. 즉, 부탁을 하는 이유를 분명하게 설정하고 상대에게 그 부탁을 들어줘야만 하는 나름의 확신과 근거를 제시할 준비가 돼 있지 않기 때문이다.

이런 준비가 제대로 되면 부탁의 목표와 대상도 정확하게 설정할 수 있다. 만약 옆 자리 재우 씨의 도움이 필요해 부탁을 했다 치자. 재우 씨가 "무엇을 도와드릴까요?"라고 물었는데도 우물쭈물거리며

"형편 되는 대로 조금만 도와주세요"라고 하면 상대는 오히려 당황할 것이다. 이때는 구체적으로 "프레젠테이션 초안을 잡았는데 세부적인 내용을 추가하고 디자인으로 마무리해야 합니다. 재우 씨가 이 두 가지를 도와주시면 되겠습니다"라고 말해야 한다. 그러면 상대가 판단을 할 것이다.

만약 지금 맡고 있는 업무보다 다른 업무를 하는 것이 자신의 능력을 더 많이 발휘하고 조직에 보탬이 된다고 생각되면 과감하게 부탁해야 한다. 그렇지 않으면 상사 입장에서는 현재 할당한 업무에 전혀 문제가 없다고 생각할 것이다. 결국 업무에 흥미를 잃거나 생산성은 떨어지고 무능력하거나 책임감이 부족한 사람이라고 평가받을 수 있다.

만약 업무 조정을 부탁하게 되면 상사는 자신이 맡고 있는 조직의 업무 할당이 제대로 되었는지 또 차질 없이 잘 진행되고 있는지 살펴보는 계기가 될 것이다. 부탁한 사람의 적성이나 재능도 다시 확인할 수 있다. 당장 부탁을 들어주지 않더라도 상사는 그것을 명심하고 있다가 언젠가 들어줄 수도 있다.

그러나 로비를 통해 무엇인가를 얻어내려 했다는 나쁜 소문이 나지 않도록 조심해야 한다. 은밀하게 상사를 만나 뒤로 부탁을 하기보다는 투명하게 면담 신청을 하고 그 사실이 조직원들에게 공개돼도 문제없다는 당당한 태도를 유지하는 것이 좋다.

부탁을 할 때는 당당한 태도를 취하되 상대를 기분 나쁘게 해서는 안 된다. 부탁에 대한 최종 결정은 상대가 하도록 해야 한다. 부탁은 지시와는 다르다. 지시는 시키면 해야 하지만 부탁은 상대가 받아들이지 않으면 그만이다. 특히 부하직원에게 지시를 하는 것인지 부탁을 하는 것인지 애매한 태도를 취하는 것은 좋지 않다.

분명히 부탁을 한 것인데 정작 상대가 찜찜한 기분이 들었다면 잘못된 것이다. "재우 씨, 이 프레젠테이션 건 오늘 중으로 끝내주실래요?" 하면 분명 지시다. 부드러운 말이지만 분명히 시킨 것이다. 그런데 "재우 씨, 에어컨 좀 세게 틀어줄래요?" 하면 부탁이다. 그런데 상사의 의도는 지시다. 받아들이는 재우 씨 입장에서는 부탁인지 지시인지 불분명하다. 에어컨을 세게 틀어야 하나 못 들은 척해야 하나 애매하다. 에어컨을 조정하는 것은 재우 씨가 고용된 이유가 아니기 때문이다. 상사가 직접 해도 될 일이다. 그러므로 이런 부탁은 하지 않는 것이 좋다.

만약 상사가 직접 에어컨을 틀 상황이 아니라면 확실하게 부탁해야 한다. "재우 씨, 내가 지금 급히 해결할 일이 있어서 그런데 미안하지만 에어컨 좀 세게 틀어줄래요?"라고 말해야 한다. 부탁의 이유가 명확해진 것이다. 이럴 경우 받아들이는 사람의 태도도 명쾌해진다. 부탁을 들어줄 것인지 말 것인지 선택하면 되는 것이다.

**똑소리 나는 부탁의 리액션**

1. 거절당할지 모른다는 두려움을 없애라

2. 부탁의 이유를 명확히 하라

3. 부탁의 목표와 범위를 정확하게 설정하라

4. 부탁과 지시를 혼돈하지 마라

5. 부탁에 대한 결정은 상대가 하도록 하라

## / 질책의 리액션

부하직원이나 동료의 잘못을 지적해야 할 때가 있다. 업무상 책임감 때문만이 아니라 도의적인 측면에서도 충고나 질책을 해야 할 경우도 많다. 하지만 잘못을 지적하고 질책하는 것은 상대에게는 듣기 싫은 소리다. 질책하는 입장에서도 마음이 편할 리 없다. 서로 웃는 낯으로 좋은 소리만 해도 트러블이 생기기 마련인데 듣기 싫은 소리가 오간 다면 어떤 상황이 될지 불을 보듯 뻔하다. 때문에 칭찬이나 격려와 달리 충고나 질책을 할 때는 더욱 조심해야 한다. 아무리 선의를 가지고 질책을 하더라도 상대가 악의적으로 받아들이거나 해석할 가능성도 있기 때문에 더욱 그렇다.

학교에서 교사가 아이를 마구 때리거나 모욕적인 말을 내뱉고 제자를 사랑하는 마음 때문에 그렇게 했다고 하면 아무도 믿지 않을 것이다. 진심으로 제자를 사랑하는 교사는 아이의 마음을 움직여 아이 스스로 변하도록 한다. 비즈니스 세계에서도 마찬가지다. 상사나 우월적 지위에 있는 사람이 질책을 할 경우 감정에 치우쳐 매끄럽게 처리하지 못하면 좋지 않은 결과가 빚어질 가능성이 크다.

잘못이 발견되었을 때 눈앞에서 바로 지적하고 질책해야 할지 다음으로 미룰 것인지 먼저 판단하라. 지금 당장 바로잡지 않으면 중대한 문제가 발생하는 경우라면 망설일 이유가 없다. 바로 지적하고 더 이상 문제가 커지지 않도록 해야 한다. 많은 사람들이 보고 있는 상황이라 하더라도 상황이 급박하다면 주저할 필요가 없다.

그러나 반드시 지금 질책할 필요가 없는데도 의도적으로 그렇게 하는 사람들이 있다. 마치 자신의 존재를 과시라도 하듯 불필요한 사항까지 지적하고 지시를 하기도 한다. 특히 사람들이 많이 모인 자리에서 특정인을 지목하며 마치 큰 잘못을 저질러 심각한 문제가 발생한 것처럼 과장되게 말하는 것이다. 이럴 경우 지적당하는 사람의 입장에서는 상당히 억울한 느낌이 든다. 실제 업무와는 별 상관없는 사소한 문제로 많은 사람 앞에서 망신을 당한 것이기 때문이다. 지적을 한 사람은 당연히 해야 할 일을 멋지게 한 것처럼 생각하겠지만 지적을 당한 사람은 그렇지 않다. 지적을 한 상사의 인격을 믿지 않을 뿐 아니라 제대로 일을 처리해야겠다는 의욕마저 사라진다. 뿐만 아니라 마음속에 응어리가 남아 복수할 날을 기다릴 수도 있다.

　신문사 최 부장은 성질이 고약하기로 소문이 나 있다. 부하 기자가 기사를 작성해 오면 일단 큰 소리로 부른다. 그리고 앞에 서 있게 한 후 기사를 점검한다. 오늘도 버럭 소리를 지른다.

"야, 리드(lead, 신문의 기사, 논설 따위에서 본문의 맨 앞에 그 요지를 추려서 쓴 짧은 문장)가 이게 뭐야? 첫 문장이 눈에 확 들어오도록 해야지!"

기자는 눈을 껌뻑일 뿐 말이 없다. 부장은 연달아 소리를 지르며 말한다.

"이게 이 말이지?" 하며 자신이 고친 문장을 보여준다.

"예. 맞습니다."

"야! 이 문장이 앞으로 오고 이게 뒤로 빠져야 자연스럽지. 이거 확인한 거 맞아? 이 부분에서…… 예상이 된다는 말이야, 그렇게 한다는 말이야? 그리고 또 여기를 봐. 관계자라니 누구를 말하는 거야?"

기자는 그럴 때마다 침을 꿀꺽 삼킨다. 최 부장의 말이 일리가 있기 때문이다. 최 부장이 기사를 점검하는 소리가 다른 부서까지 울려 퍼진다. 그럴 때면 다른 기자들은 고개를 숙이고 다음이 자기 차례일까 봐 속을 태운다. 그런데 최 부장은 최 부장대로 자신이 세상에서 가장 멋진 부장이라고 생각한다. 소리가 클수록 자신의 존재 가치가 더 높아진다고 여기는 것 같다. 하지만 사람들은 그를 존경하지도 믿지도 않는다. 다만 걸리면 재수 없는 변덕스럽고 괴팍한 상사로 여긴다.

아무리 큰 잘못을 저질렀어도 공개적으로 지적당하고 질책당하면 모욕감 때문에 반성을 하기보다는 반발심만 커진다. 사람들이 모인 자리에서 어느 특정인의 잘못을 공개하고 크게 질책하게 되면 다른 구성원들에게 경각심을 심어주는 효과는 있을 것이다. 하지만 당하는 사람 입장에서는 크게 상처를 입고 다른 사람들도 언제 타깃이 될지 모른다는 불안감에 휩싸인다. 공개적으로 지적하기 좋아하는 사람들은 부하직원이나 동료들로부터 신뢰와 존경을 받기 어렵다. 자신의 감정을 조절하지 못하고 다른 이의 기분은 신경쓰지 않는 인격적으로 성숙하지 못한 사람으로 여겨지기 때문이다.

만약 공개석상에서 지적해야 할 상황이라면 가능한 한 다른 사람들의 이목이 집중되지 않도록 하는 것이 좋다. 살짝 불러 조용히 말하고 다른 사람들의 대화나 업무에 지장이 없도록 해야 한다. 그렇게 되면 지적 당하는 사람 입장에서도 진심으로 받아들이고 더욱 조심하게 될 것이다. 지적한 사람에 대한 신뢰와 존경심이 높아지는 것은 말할 것도 없다.

질책을 할 때는 먼저 팩트 즉, 사실에 주목해야 한다. 팩트가 틀리면 질책의 내용도 가치가 없다. 잘못된 팩트로 질책할 수는 없기 때문이다. 팩트로 확인되었다면 그것에만 집중하자. 실제로 아무 상관도 없는 문제를 끌어다 묶어 질책한다든지, 이미 지나간 일을 마구 들춰 꾸지람을 되풀이하는 일도 없어야 한다. 직접 관련이 없는 일이나 과거의 잘못을 엮어버리면 정작 당장 중요한 핵심을 놓칠 가능성이 높다. 아무리 화가 나더라도 지적해야 할 것이 무엇인지 정확하게 인지하자. 핵심과 상관없이 이리저리 왔다 갔다 하면 본인도 주제를 놓치게 되고 상대도 무슨 말을 하는 것인지 이해하기 힘들다. 스스로 권위를 깎아내려 말의 효력도 떨어질 수밖에 없다. '저 사람 말은 새겨들을 필요가 없어!', '또 하나마나한 소리지'라며 귓등으로 흘려듣고 말 것이다.

혼자서 질책을 쏟아내고서 휙 자리를 떠나버리는 것도 좋지 않다. 지적하고 질책하는 것에 대해 상대가 잘 이해하고 받아들이는지 살피고 같은 잘못이 되풀이되지 않도록 뒤처리를 해야 한다. 마무리를 하지 않으면 잔소리꾼 밖에 되지 않는다. 부하직원들도 아무리 잘못을 저질러도 잔소리 한번 들으면 그것으로 끝이라고 여길 수 있다.

지적하고 질책하는 동안 "그렇지요?"라고 계속 물어보는 게 좋다. 지적하는 내용이 정확한지 확인하는 동시에 상대가 대화에 몰입하도록 유도하는 것이다. 만약 대화 도중에 상대가 "그건 사실 이런 것 때문에 그렇습니다"라고 정정할 경우 "아, 그래요?" 하며 다시 확인하고 넘어가야 한다. 그렇지 않으면 상대는 뭘 제대로 알지도 못하고 독불장군처럼 군다고 반감을 품을 것이다.

마지막에는 "그렇다면 이 문제는 이렇게 푸는 게 좋지 않겠어요? 이 문제는 저렇게 하도록 해요. 어때요?" 하고 대안을 줘 상대가 선택하고 공감하도록 하는 것이 좋다. 상대의 입장에서도 단순히 질책을 듣는 데서 끝나는 것이 아니라 해결책을 함께 찾아냈다는 사실에 안도하고 의욕을 잃지 않을 것이다. 비록 지적하고 질책한 상사지만 신뢰가 쌓일 것이고 문제가 발생하면 허심탄회하게 의논하려 할 것이다.

지적과 질책의 이유는 일을 잘되게 하거나 상대의 발전을 이끌어내기 위해서다. 만약 악의적으로 상대를 해치려는 의도라면 어떻게 하든 상관없다. 다만 선의로 지적하고 질책하지 않을 수 없는 상황이라면 문제가 달라진다. 상대가 유감없이 받아들이고 뒤에 나쁜 감정이 남지 않도록 해야 한다.

말을 잘 달리게 하려면 채찍과 당근을 잘 배합해야 한다. 사람을 설득하고 공감을 얻기 위해서도 마찬가지다. 정확하게 잘못을 지적하고 질책하되 장점이 무시되거나 인격적으로 큰 손상을 입지 않도록 배려

하는 마음이 필요하다.

"김 대리는 회계 관련 일은 참 잘해요. 그런 장점을 잘 살린다면 이번과 같은 실수는 하지 않을 겁니다."

"박 대리는 그래도 조금씩 발전하고 있어요. 당장 큰 성과는 없지만 조금만 앞으로 나아간다는 게 중요합니다. 앞으로는 이런 일이 되풀이되지 않도록 합시다."

이렇게 질책과 함께 상대를 배려해 주는 말을 해주면 그 효과가 두 배로 늘어날 것이다.

## 카리스마 넘치는 질책의 리액션

1. 질책의 타이밍을 잡아라

2. 공개적인 질책은 가능한 한 하지 마라

3. 질책은 자신의 존재를 뽐내고 과시하는 행동이 아니라는 점을 명심하라

4. 질책을 하려면 팩트에 주목하라

5. 질책하는 동안 상대의 반응을 확인하라

6. 질책한 다음 대안을 제시하라

7. 질책과 함께 칭찬과 격려도 잊지 마라

## / 칭찬의 리액션

직장이나 비즈니스 세계에서 어색한 분위기를 반전시켜 활기차고 유쾌한 자리를 만들어낼 줄 아는 것은 큰 장점으로 작용한다. 친목을 다지기 위한 자리는 말할 것도 없고 협상이나 중요한 미팅에서도 유머와 칭찬을 잘 구사하면 좋은 결과를 이끌어낼 가능성이 높다.

실험 결과에 따르면 사람들은 거짓인 줄 알면서도 칭찬을 들으면 기분이 좋아지는 것으로 밝혀졌다. 청중들을 모아놓고 "자, 지금부터 제가 거짓말을 좀 하겠습니다. 분명 마음에도 없는 거짓말입니다" 하고 칭찬을 늘어놓기 시작했다.

"여러분 모두 정말 멋지고 아름다우십니다. 제가 지금까지 수많은 청중 앞에 서봤지만 오늘처럼 멋진 분들은 처음 뵙습니다."

이렇게 거짓인 줄 뻔히 알면서도 칭찬을 듣고 난 청중들의 반응은 예상보다 훨씬 긍정적이었다. 기분이 좋을 때 분비되는 호르몬인 도파민을 측정했더니 칭찬을 듣기 전보다 훨씬 양이 늘어났다. 마음에 없는 칭찬이라도 상대가 얼마든지 즐거워하고 심지어 감사해 한다는 사실이 증명된 셈이다.

그러나 상황에 어울리지 않은 칭찬을 하는 바람에 오히려 분위기를 망치는 수도 있다. 점잖은 자리에서 "참 미인이십니다", "헤어스타일이 멋지군요"라고 말하면 상대가 어색해 할 수도 있다. 칭찬을 받는 쪽이 고객이나 접대를 받는 우월적 지위에 있거나 나이가 많은 경우라면 실례가 될 수도 있는 것이다. 나이가 어리다고 함부로 미인이라는 칭찬을 했다가는 성희롱으로 의심을 받을 수도 있다.

미인이나 미남에게도 외모에 대한 칭찬을 하는 것은 식상하다. 그들은 속으로 '알긴 아네' 하면서도 감동은 받지 않는다. 그래서 보다 디테일한 것에 주목해 칭찬하면 좋아한다. 그 날 의상 중에서 특별히 눈에 띄는 게 있다든지, 평소 보지 못했던 스타일을 하고 있다든지, 잘 살펴 칭찬 포인트를 찾아내야 한다. 아는 만큼 보인다고 칭찬을 잘하기 위해서라도 평소 패션이나 트렌드 등에 관심을 갖는 것이 좋다.

덮어놓고 "잘하고 있다"고 칭찬하는 것도 좋지 않다. 무엇을 어떻게 한 것이 어떤 면에서 좋은지 구체적으로 말해야 한다. 칭찬하는 사람이나 칭찬을 받는 사람 모두 칭찬을 주고받을 만하다는 사실을 공감해야 한다. 그렇지 않으면 공연히 입에 발린 칭찬이나 늘어놓은 실없는 사람이라는 소리를 듣게 된다. 직장뿐 아니라 가정에서도 마찬가지다. 아이한테 "우리 아들 최고다!" 하고 이유 없이 등을 두드려주는 것보다 "이번에 국어 시험에서 무려 15점이나 올랐다며?" 하며 안아주는 게 훨씬 효과가 있다.

칭찬을 할 때는 확실하게 해야 한다. 칭찬인지 질책인지 조롱하는 것인지 상대가 헷갈리지 않도록 하자. "김 대리, 이번 프로젝트 정말 잘 끝냈어요. 아이디어도 좋고 중간에 협상 진행도 잘했어요. 수고 많

왔어요"라고 이야기 해주면 멋진 칭찬이다. 하지만 "김 대리, 이번 프로젝트 정말 멋지게 잘 끝냈어요. 덕분에 잘 마무리된 것 같기는 한데 마진율 부분에서 김 대리 판단이 맞았는지는 잘 모르겠네요?"라고 하면 칭찬인지 질책인지 헷갈린다.

아무리 권위적인 상사라도 칭찬은 좋아하는 법이다. 출근길에 활짝 웃는 얼굴로 "부장님, 안녕하세요? 오늘 훤해 보이시는데요!"라고 인사해 주면 싫다고 할 사람은 없다. 회식 자리에서도 "부장님이 주시는 술이 제일 맛있는 것 같아요!" 하면서 마시면 좋아한다. 지위가 높고 나이가 많으면 사소한 것에 감동하지 않을 것 같지만 정반대다. 나이가 들수록 외롭다. 그래서 부하직원의 칭찬이 입에 발린 소리라는 것을 알면서도 관심을 가져주면 좋아한다. 칭찬은 반드시 윗사람이 아랫사람에게 하는 것이 아니다. 지위나 나이와 상관없이 할 수 있다. 그렇기 때문에 언제 어느 상황에서도 상대를 칭찬할 마음의 준비를 하고 있어야 한다. 평소 칭찬할 거리를 마음속에 담아두거나 즉흥적으로 칭찬할 거리를 찾기 위해 상대에게 집중해 보자.

칭찬도 습관이다. 입만 열면 불평불만을 쏟아내는 사람이 있는가 하면 칭찬을 자주 함으로써 관계를 부드럽게 이어가는 사람도 있다. 가능하면 비난이나 험담보다는 장점을 부각시켜 칭찬하다 보면 어느새 그것이 좋은 습관으로 굳어진다.

상사를 춤추게 하는 칭찬의 리액션

1. 마음에 없는 칭찬도 효과가 있다

2. 뻔한 칭찬이라도 하는 것이 낫다

3. 칭찬거리를 찾기 위한 눈썰미를 키워라

4. 구체적으로 무엇이 좋은지 칭찬하라

5. 칭찬을 할 때는 확실히 하라

6. 윗사람도 칭찬을 들으면 기분이 좋아진다는 점을 잊지 말자

7. 칭찬을 습관화하라

## / 유머의 리액션

미국의 30대 대통령 캘빈 쿨리지 부부가 중서부의 어느 농장을 방문했을 때의 일이다. 양계장 앞을 지나면서 아내인 그레이스가 농장주에게 물었다.

"닭은 하루에 몇 번 교미를 하나요?"

"열두 번도 더 하죠."

그레이스는 농장주에게 그 이야기를 반드시 대통령에게 전해 달라고 했다. 이번에는 대통령이 농장주에게 물었다.

"수탉은 매번 같은 암탉과 교미합니까?"

"천만에요. 수탉은 결코 같은 암탉과 교미하는 법이 없죠."

대통령이 말했다. "내 아내에게 그 얘기를 전해 주시겠소?"

이 이야기가 과연 실제 있었던 일인지는 분명하지 않지만 생물학에서 수컷이 여러 암컷과 교미하기를 원하고 암컷이 바뀔수록 더 강한 자극을 얻는 것을 '쿨리지 효과'라고 하는 것을 보면, 전혀 근거가 없는 일은 아닌 듯하다.

평소 세 마디 이상의 말은 거의 하지 않을 정도로 과묵한 쿨리지 대통령이었지만 이렇게 멋진 유머를 구사할 정도라면 분명 재치 넘치는 멋쟁이였을 것이다. 유머란 말을 많이 한다고 되는 것이 아니라 이처럼 짧은 순간에 반짝 그 빛을 발한다. 주위에서도 유머를 곧잘 구사해서 분위기를 띄우고 호감을 얻는 사람을 볼 수 있다. 수다쟁이처럼 말을 폭포수처럼 쏟아내는 사람도 있지만 그 자리에 있었는지조차 모를 정도로 조용히 있다가 어느 순간 좌중을 완전히 뒤집어 버리는 사람도 있다. 유머에는 정답이 없는 것이다.

연예인 중에도 유머 감각이 뛰어난 사람들은 크게 인기를 모은다. 버라이어티쇼라고 해서 정해진 틀 없이 자유롭게 토크를 즐기는 형식의 프로가 있다. 이런 프로에는 개그맨 등 원래 입심이 좋은 사람들이 주로 출연하지만 가수나 배우 중에서도 유머 감각이 돋보이는 사람들이 출연한다. 본업인 배우나 가수 활동을 제쳐두고 아예 버라이어티쇼를 중심으로 움직이는 연예인들도 많은데 그들의 공통점은 바로 유머 감각이다.

유머 감각이 발군인 사람들은 나름의 개성을 무기로 내세운다. 유머에는 정답이 따로 없기 때문에 자신에게 가장 적합한 캐릭터를 개발하고 그것을 통해 웃음을 만들어낸다. 못생겼으며 못생긴 대로 잘생겼으면 잘생긴 대로 각자의 개성을 십분 활용할 줄 아는 진정한 유머의 달인인 셈이다.

연예인이 아닌 평범한 사람들도 유머 감각을 키우려면 그들처럼 자신만의 스타일을 만들 줄 알아야 한다. 주위 사람들의 반응을 잘 살피면 자신의 스타일을 알 수 있다. 무슨 말을 할 때 사람들이 잘 웃는지, 어떤 소리나 표정을 하면 즐거워하는지 유심히 살펴보자. 좀 못나고 덜떨어진 소리를 할 때 반응이 좋다면 그것을 자신의 개그 코드로 굳혀 나가면 된다. 상대가 겉으로는 웃으면서 속으로 무시할까 봐 걱정할 필요는 없다. 유머를 구사하는 당사자가 그 상황을 충분히 알고 즐거움을 위해 고의적으로 연출하는 것이라면 전혀 문제될 게 없다. 개그맨이 바보 흉내를 낸다고 그를 진짜 바보로 아는 사람은 없다. 마찬가지로 평범한 사람이 바보 같은 말이나 행동으로 사람을 웃긴다고 그를 진짜 바보 취급하는 사람은 없다. 바보 흉내를 낸다고 진짜 바보로 아는 사람이라면 그 사람이 바보다. 그런 사람이라면 상대를 안 하면 그만이다.

혹은 바보 흉내를 내면 사람들이 거부 반응을 보이는데도 제 흥에 겨워 자꾸 바보 흉내를 내면 그건 진짜 바보다. 어떤 사람은 웃기는 이야기를 해주겠다고 하고서는 자신이 먼저 웃음을 못 참고 파안대소하기도 한다. 상대는 어이없어 하는데도 계속 배꼽을 잡으며 웃음을 참지 못한다. 잔뜩 궁금증을 일게 해놓고 겨우 한다는 소리 역시 재미라고는 눈곱만큼도 없는 싱거운 이야기다. 이런 사람은 유머 감각이 없는 사람이다. 차라리 유머 구사를 하지 않는 것이 좋다.

자신이 평소 관심이 많은 분야의 이야기로 유머를 풀어가는 것도 방법이다. 잘 아는 분야라면 상황을 재미나게 묘사하고 웃음의 포인트를 잡아내기가 쉽다.

유머를 잘하기 위해 메모를 하는 사람도 있지만 그런 사람들은 대개 감각이 떨어지는 유형이다. 진짜 감각있는 사람은 자신도 모르게 어느 순간 입력된 유머 정보가 튀어나온다. 타고난 감각이 없다면 어디서 주워들은 유머라도 메모를 하고 외워두면 좀 낫기는 하겠지만 제대로 써먹기가 쉽지 않다. 어떤 상황이 주어지면 여기에 절묘하게 맞아떨어지는 유머를 재빨리 끄집어내 풀어야 하는데 쉽지 않다. 감각이 떨어지는 사람은 타이밍을 제대로 맞추지 못하거나 상황에 어울리지도 않는 생뚱맞은 유머를 들이대기도 한다.

필살기로 준비해 둔 유머를 한번 사용해야겠다며 그걸 터트릴 때만 기다리는 사람도 있다. 남들이 한창 떠들 때도 입을 꾹 다물고 시기를 본다. 비장의 무기를 터트려 좌중을 완전히 뒤엎어 버리겠다고 다짐하고 다짐한다. 하지만 기회는 오지 않고 비장의 필살기는 무용지물이 되고 만다. 이런 사람은 하수다. 필살기는 필살기대로 딱 품고 있되 그것에 연연하면 안 된다. 잊은 듯이 있으면서 대화에 관여하다가 어느 순간 기회가 왔을 때 자동으로 튀어나오게 해야 한다.

아무리 훌륭한 유머라도 이제나저제나 터트릴 기회를 엿보느라 노심초사하다 보면 대화의 흐름을 놓쳐 결국 꺼내지 못하고 만다. 유머는 타이밍이 생명이다. 너무 앞서 나가도 안 되고 너무 뒤쳐져서도 안 된다. 한 방 터트려야겠다고 생각하면 오히려 긴장되고 경직돼 감각이 마비된다. 차라리 상황을 즐기고 편안하게 듣는 것이 낫다. 남의 말을 잘 듣고 흥에 겨워하다 보면 절로 유머가 튀어나오게 돼 있다. 유머를 잘하는 사람은 남의 말을 잘 들을 줄 안다. 타이밍을 잘 잡는다는 것은 남의 말을 잘 듣는다는 말이다.

메모해 둔 유머를 쓰는 사람은 종종 유머를 시작하기도 전에 하품이 나게 만들기도 한다. 영화를 본 이야기나 읽은 책 내용을 잔뜩 늘어놓는 이를 좋아할 사람은 없다. 그런데 유머를 그렇게 하는 사람이 있다. 거북이가 기어가듯 느릿느릿 주섬주섬 말을 꺼낸다. 듣는 사람은 숨이 넘어간다. 그렇게 진을 다 빼고 들으나마나한 소리로 결론을 낸다. 유머는 짧은 순간 치고 빠지는 게 묘미다. 순간의 리액션이다. 나무늘보처럼 늘어져서는 안 된다.

유머력을 기르기 위해서는 유행하는 코미디 프로는 가능하면 챙겨 보는 게 좋다. 코미디 프로를 보면 마음이 즐거워지고 유머 감각도 키울 수 있다. 즐거운 마음 상태를 유지하다 보면 자연스레 유머를 구사할 수 있게 되고 프로 개그맨들의 말투나 표정, 액션과 리액션 스킬을 통해 유머의 기술을 배울 수 있다. 코미디 프로에서 유행하는 말을 실제 생활에서 자꾸 쓰다보면 감각이 키워진다. 어설프면 어설픈 대로 웃음을 줄 수 있기 때문에 너무 긴장할 필요는 없다. 타고난 감각이 없더라도 자꾸 하다보면 후천적으로 능력을 키울 수 있다.

가족이나 친한 사람들과 있을 때 밑져야 본전이라 생각하고 과감하게 유머를 구사해 보자. 가족들은 아무리 어설프고 부족해도 어느 정도는 이해해 주기 때문이다. 유머 역량을 키우는 데 가족만큼 좋은 연습 상대는 없다. 그렇지만 친하지도 않은 사람들이 찬바람 분다며 싫어하는데도 자꾸 유머랍시고 하는 것은 좋지 않다. 안 되는 유머를 억지로 자꾸 하는 것도 공해다. 아무도 공해를 일으키는 사람은 좋아하지 않는다.

## 상대를 즐겁게 하는 유머의 리액션

1. 자신만의 스타일을 찾아라

2. 내가 아닌 남을 웃겨라

3. 치고 빠지는 타이밍을 포착하라

4. 유머는 순간의 리액션임을 명심하라

5. 평소 관심 있는 분야에서 소재를 찾아라

6. 유행하는 코미디 프로를 챙겨 보라

7. 가족을 대상으로 유머를 연습하라

Change
of
Reaction

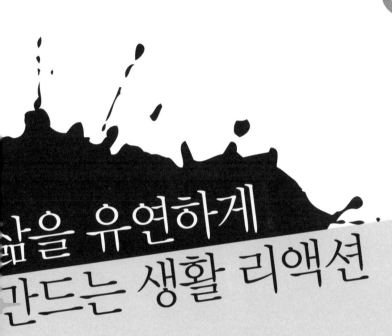

04

삶을 유연하게
만드는 생활 리액션

Reaction!

# 리액션을 알면
# 삶은 조금 더 편하다

세상에는 상대방의 약점을 노리는 사냥꾼이나 미끼를 던져 물기만을 기다리는 낚시꾼이 엄청나게 많다. 인식하지 못하는 사이 그들은 은밀하게 덫을 놓기도 하고 함정을 파기도 한다. 세상은 낚시꾼과 사냥꾼 그리고 모략꾼이 득실대는 위험한 곳이다. 정신을 바짝 차리지 않으면 치명상을 입기도 하고 가진 것을 몽땅 다 잃을 수도 있다.

　사냥꾼이나 낚시꾼들은 총이나 칼 대신 그럴듯한 말로 사람을 현혹하는 경우가 많다. 사람의 심리를 교묘하게 이용해 원하는 것을 얻어내는 것인데, 겉으로는 아주 자연스러운 거래나 경제활동으로 보인다. 당한 사람은 속은 줄도 모른 채 그냥 넘어가기도 한다. 그만큼 그들의 수법은 교묘하다.

하지만 적을 알고 나를 알면 결코 지지 않는 법. 사냥꾼들의 전략과 낚시꾼들의 수법을 먼저 알아차리고 대비하면 걱정할 필요가 없다.

## / 받은 만큼 되돌려 주지 않기

사람들은 대개 누군가로부터 선물이나 양보를 받으면 그것을 되갚아야 한다고 생각한다. 낚시꾼들은 바로 그 점을 노린다. 은혜를 갚아야 한다는 선의가 기회가 되는 것이다. 양심이 있는 사람일수록 무엇인가를 받으면 은혜를 갚아야겠다고 생각한다. 낚시꾼들은 은근슬쩍 상대가 거절하기 힘들 만큼의 무엇인가를 던져준다. 그러면 양심이 고운 사람은 그것을 모른 척하지 못한다. 받은 만큼 되돌려 줘야 한다고 생각한다. 이때 낚시꾼들은 그들이 원하는 것을 얻어낸다.

대표적인 낚시꾼이 노인을 상대로 하는 약장수다. 약장수들은 그럴듯한 광고로 노인들을 불러놓고 춤과 노래, 마술 등 갖가지 공연을 보여준다. 갈 곳이 마땅치 않고 상대해 주는 사람도 없어 적적하고 쓸쓸한 노인들은 이런 행사장이 반갑기만 하다. 처음 몇 번은 화장지며 접시며 이런저런 선물까지 준다. 노인들은 세상에 이렇게 고마운 사람들이 다 있다며 감격한다. 하지만 공연이 몇 번 진행되고 나면 낚시꾼들의 본색이 드러난다. 엉터리 건강보조식품 같은 것을 만병통치약이라도 되는 듯 판다. 노인들은 몸에 좋다는 소리보다 그

동안 자신에게 잘해준 사람에 대한 고마움 때문에 거절하기 힘들다. 물건을 사지 않고서는 미안해서 도저히 견딜 수가 없는 것이다. 약값이 엄청나게 부담되지만 미안함과 고마움에 비하면 아무것도 아닌 듯 여겨진다. 그렇게 은혜를 입고서도 모른 척 빈손으로 돌아간다는 것은 인간으로서 도저히 용납할 수 없는 행동이라고 생각한다. 결국 감당하기 힘든 가격임에도 양손 가득 엉터리 건강보조식품을 사들고 집으로 돌아간다.

인터넷에서 무료로 오늘의 운세를 알아봐주겠다며 개인의 신상 정보를 입력하게 하는 것도 미끼고 제품 사용 후기를 올리면 추첨을 통해 사은품을 주겠다는 것도 낚시질이다. 화장품 샘플을 돌리는 것도 미끼를 던지는 것이다. 선거 때 돈 봉투가 돌아다니고 여기저기 회식 자리가 마련되는 것 역시 미끼다. 그것을 악의적으로 이용해 돈을 뜯어내는 사람들도 있지만 알면서도 얻어먹었으니 갚아야 한다며 표를 주기도 한다.

미끼라는 사실을 알면서도 덥석 물어버리는 사람이 의외로 많다. 받은 만큼 되돌려 줘야 한다는 양심 탓이다. 은혜를 갚지 않으면 염치없는 사람이라고 생각해 불필요한 소비를 하고 바르지 못한 선택을 해서 결국 손해를 입는다.

좀 더 지능적인 낚시꾼들은 정말 마음 약한 사람들을 꼼짝 못하게 옭아매기도 한다. 집안 형편이나 경제 상황이 어떠냐며 호의적인 태도로 물어본 다음 상대가 관심을 보이면 재무 설계를 해주겠다고 한다. 상대 입장에서는 안 그래도 빠듯한 월급으로 살아가던 터라 마치 구세주를 만난 것처럼 반갑다. 그래서 월급은 얼마고 저축은 얼마고 교육비며 집세, 자동차세 등 지출하고 있는 돈이 얼마인지 다 알려준다. 낚시꾼은 잘 알겠다며 다음에 만날 때 구체적인 해결책을 공개하겠다고 한다. 그리고 정말 다음에 재무 상태를 컴퓨터 프로그램을 통해 분석했다며 자료를 보여준다. 그래프나 수치를 동원해 한눈에 보기에도 그럴듯하다. 막연하게 생각했던 자신의 경제 상황을 알기 쉽게 분석해준 것이 신기하기도 하고 고맙기도 하다.

낚시꾼이 말한다. 지금 상황으로 살아가면 미래가 불안정하다, 잘못하면 거지 신세를 면하기 어렵다고 한다. 상대는 좋은 방법이 없겠느냐며 걱정된 표정으로 묻는다. 낚시꾼은 회심의 미소를 짓는다. 그리고 금융 상품 몇 가지를 보여준다. 그러면서 "이건 이래서 좋고 저건 저래서 좋지만 자신이 보기에 이게 당신의 현재 형편이나 미래를 생각했을 때 가장 좋을 것 같다. 나도 고민을 참 많이 했다. 바쁜 시간 쪼개서 오늘도 힘들게 시간냈다"는 말을 늘어놓는다. 이 소리까지 듣고 "알았어요. 다음에 봐요. 고마워요" 하고 자리를 박차고 나오기는 힘들다.

두 번 거절하기 어려운 심리를 이용하는 낚시꾼도 있다.

친구로부터 전화가 걸려온다. 안부 인사를 나눈 뒤 그는 지금 자신이 매우 어려운 상황에 빠져 있다고 말한다. 그런 다음 정말 급해서 그러니 천만 원만 빌려주면 1주일 후에 갚겠다고 한다. 난감한 상황이다. 의리를 생각하면 모른 척할 수가 없다. 하지만 내 형편도 넉넉지 않다. 천만 원이 있다 하더라도 빌려줬다가 못 받을까 봐 걱정이다. 그래서 결국 우물쭈물하다 이렇게 말한다.

"네 사정은 알겠다만 나한테 그만한 돈이 당장 없어."

친구가 말한다. "그렇겠지. 미안하다. 공연히 말 꺼내서."

"아냐. 내가 미안해. 이럴 때 도움이 되어야 하는데……" 하고 전화를 끊으려는 순간 친구가 말한다.

"그러면 2백만 원만이라도 안 되겠냐?"

또 난감해진다. 천만 원은 너무 많아 힘들다고 거절했지만 2백만 원도 많아서 못 해주겠다고 하면 너무 한심한 인간이 되는 게 아닌지 갈등이 생기는 것이다. 또 다시 거절하기기 쉽지 않은 상황이다. 액수가 5분의 1로 줄어들었는데도 못 해주겠다고 거절한다는 게 명분도 없고 자신도 없다. 그래서 할 수 없이 승낙하고 만다.

이런 수법은 비즈니스 세계에서도 흔하게 목격된다. 같은 가격인데도 허접해 보이는 물건을 먼저 보여준 다음 근사해 보이는 물건을 보여준다든지, 엄청나게 비싼 물건을 먼저 보여준 다음 그것보다 훨씬 싼 물건을 내놓아 심리적으로 안정감을 느끼도록 하는 것이다.

1. 베푸는 목적이 무엇인지 살펴라

2. 베푸는 것이 미끼라고 판단되면 냉정하게 거절하라

3. 미끼는 미끼일 뿐 빚이라 생각하지 마라

## / 친구 따라 강남 가지 않기

친구 따라 강남 간다는 말이 있다. 지금의 서울 강남이 아니라 남쪽의 아주 먼 곳을 일컫는데, 남이 이끄는 대로 덩달아 하는 일을 말한다. 친구를 따라 가서 좋은 일이 생긴다면 좋겠지만 손해를 입거나 낭패를 본다면 문제가 달라진다. 주식시장이 한창 달아오를 때 무턱대고 뛰어들었다가 크게 손해를 보거나 유행의 끝물을 탔다가 장사에 재미를 보지 못하는 경우도 있다. 대개는 스스로 상황을 분석하고 판단하는 것이 아니라 남들의 의견과 대중적 추세에 따라 움직이기 때문에 이런 일이 생긴다. 낚시꾼들은 이런 심리를 교묘하게 이용해 곳곳에 미끼를 던진다.

친구 따라 강남 가는 심리를 이용하는 대표적인 미끼가 서점의 베스트셀러다. 자신이 진정 읽고 싶은 책을 스스로 고르지 못하고 남들이 많이 읽는 책을 따라 사는 심리를 이용한 것이다. 실제로 베스트셀러라 해서 구입했는데 읽고 나서 실망하는 경우가 많다. 그럼에도 습관적으로 베스트셀러 목록에 따라 책을 구매하는 사람들이 많고, 이를 이용해 서점에서는 매출 신장을 위해 주간, 월간, 연간 베스트셀러 집계를 발표한다. 하지만 서점의 집계를 신뢰하기에는 미심쩍은 구석이 많다. 서점 역시 매출을 많이 올리는 것이 목적이고 대중적 인기몰이를 할 책을 베스트셀러 상단에 올리려 한다. 서점의 영업 마케팅 전략에 따라 고의적으로 베스트셀러 순위를 높여주기도 하고 마음에 들지 않는 출판사 책은 순위에서 제외시키기도 한다.

출판사에서는 자사의 책을 베스트셀러 순위에 올리기 위해 고의적으로 판매 부수를 올리는 비양심적인 일을 하기도 한다. 이를 흔히 사재기라 부르는데 특정 출판사가 직원이나 아는 사람들을 통해 자사 발행 도서를 구입해 매출량을 높이고 베스트셀러 순위에 올리는 것이다. 서점 입장에서는 매출이 늘어나는 것이기 때문에 알면서도 모른 척하거나 심지어 조장하기도 한다. 결국 독자들은 출판사와 서점의 상술에 속아 넘어가게 된다.

방송사의 가요 순위 발표도 마찬가지다. 매주 특정 가수의 공연하는 모습을 보여주면서 시청자들이 자연스럽게 좋아하도록 유도한다. 제작 방송팀과 음반 제작자 사이에 검은 거래가 이뤄지고 이를 통해 순위를 조작하다 탄로가 나는 바람에 법의 심판을 받기도 한다. 가요 프로에서 높은 순위를 차지하면 인기가 높아지기 때문에 관련자들이 추악한 거래의 유혹에 빠져드는 것이다. 소비자들은 영문도 모른 채 특정 가요가 진짜 인기가 높은 줄 알고 덩달아 좋아한다.

드라마 등 TV 시청률 집계도 시청자들을 유혹하기 위한 술책이다. 시청률은 광고 수주를 위한 중요한 자료로 활용되기 때문에 방송사들은 이를 높이기 위해 혈안이 돼 있다. 때문에 인기 있는 드라마 등의 시청률을 집계한 후 언론을 통해 흘림으로써 더 많은 시청자들이 보게 만든다.

영화의 관객 동원 집계도 같은 맥락이다. 개봉 첫날 몇 만 명이 들어왔느니, 개봉 1주일 만에 100만 관객 동원이니, 외화 중 관객 동원 1위는 무슨 영화며, 국내 영화와 외화 간의 관객 동원 경쟁이 뜨거워지고 있다는 등의 기사 역시 따지고 보면 관객을 더 많이 끌어 모으기 위한 미끼다. 영화사에서는 관객 집계를 언론사 담당 기자들이나 방송사 제작팀에게 실시간으로 제공하고 그것이 대중적으로 많이 알려지도록 로비를 하기도 한다. 그러면 관객들은 절로 호기심이 일고 심지어 남들 다 보는 영화를 혼자서 못 보고 있다는 생각까지 하기도 한다. 영화사에서는 그래서 영화 담당 기자나 방송 제작팀과의 관계를 잘 맺기 위해 엄청 많은 노력을 한다.

주택이나 부동산 가격도 마찬가지다. 아파트 분양이 잘되고 가격이 상승하고 있으니 지금이야 말로 아파트를 매수할 절호의 기회라는 기사가 뜨면 십중팔구 미끼다. 아파트 분양이 잘되고 가격이 상승해야 언론사에 관련 광고가 많이 들어오기 때문에 언론사에서는 아파트 시장이 뜨거워지도록 바람을 넣는다. 정부 관료나 아파트 업체, 언론사와 부동산 전문 업체 등이 한통속으로 아파트 시장을 띄우려 애쓰고 그로 인해 소비자들만 손해를 보는 것이다.

백화점의 히트 상품, 대박 상품 코너 역시 친구 따라 강남 가는 심리를 이용하는 것이고 인터넷의 실시간 검색어도 마찬가지다. 코미디 프로에서 중간중간 관객들이 웃는 모습을 보여주는 것도 같은 전략이다. 남들이 재미있다고 웃으면 더 재미있고 웃기는 것처럼 느껴지기 때문이다. 방송 프로에서 식당을 찾아가 카메라를 들이대고 손님들이 "죽인다!"며 환호성을 지르게 하는 것 역시 먹고 싶은 충동을 일으키게 하려는 꼼수다.

**친구 따라 강남에 가지 않는 리액션**

**1. 스스로 판단하려고 노력하라**

**2. 진정 나한테 필요한 것인지 따져라**

**3. 소비를 했을 때 누구에게 이익인지 판단하라**

**4. 나만의 개성과 주체성을 가져라**

**5. 무관심으로 복수하고 응징하라**

# / 무늬에 속아 넘어가지 않기

번지르르한 외모나 화려한 언변에 속아 사기를 당하거나 사지 않아도
될 물건을 사는 경우가 있다. 아무리 정신을 똑바로 차려도 아차 하는
순간 당하고 만다. 겉모습만 보고 판단하다 보니 상대의 본심을 제대
로 파악하지 못한 것이다. 또 사소한 공통점을 들이대면서 매우 가까
운 사이인 것처럼 현혹하는 말에 속거나 가식적인 칭찬 몇 마디에 판
단력을 잃기도 한다.

외모가 출중한 이성을 매력적인 것으로 여기는 것은 인간의 본능으
로 자연스러운 현상이다. 하지만 비즈니스 세계에서는 경계하고 조
심해야 할 일이다. 상대의 매력이 나에게는 치명적인 독이 될 수도
있다. 미인계라는 것도 있다. 아름다운 여인을 이용해 상대를 유혹하
거나 꾀는 술책으로 예로부터 병법의 하나로 이어져 왔다. 미인을 이
용해 상대국의 기밀을 빼내거나 경쟁 회사의 중요한 정보를 캐내는
등 미인계의 활용은 지금도 계속되고 있다. 미인계는 국가나 회사 차
원에서뿐 아니라 평범한 사람들의 일상에서도 끊임없이 적용된다.

광고에 미인이 자주 등장하는 것도 마찬가지다. 자동차 광고에 미
인이 등장하는 것은 미인의 후광이 자동차에 투사돼 미인과 자동차
를 동일시하게 되기 때문이다. 실제 실험 결과 미인이 등장한 광고를
활용한 자동차가 그렇지 않은 자동차보다 훨씬 멋지고 안전하며 소

유하고 싶은 욕망이 더 크게 나타난 것으로 조사 됐다.

어떤 특별한 장점이 그 사람의 전체 가치가 높은 것처럼 보이게 하는 것을 후광효과라 한다. 미인이 성격도 좋을 것이라는 생각이 바로 그것이다. 남성들에게도 후광효과가 나타난다. 설문조사에 따르면 키가 크거나 잘생긴 남성들이 신뢰도가 높고 인기가 많은 것으로 확인됐다.

후광효과는 학습에 의해 형성되기도 한다. 안경을 낀 사람이 공부를 잘하고 더 똑똑할 것이라고 생각하는 것이 대표적이다. 실제로 미국 오하이오 주립대학 제프리 윌런 교수팀이 6~10세 아이 80명을 대상으로 설문 조사를 했더니 대부분의 아이들이 안경을 쓴 사람이 그렇지 않은 사람보다 더 똑똑하다고 여기고 있었다. 열에 일곱 명이 안경을 쓴 아이가 더 똑똑하다고 대답했고, 60%는 안경을 낀 아이가 더 정직해 보인다고도 했다. 안경은 비단 아이뿐 아니라 성인에게도 훨씬 지적이고 신뢰할 만한 사람이라는 인상을 준다.

스스로 미인계에 빠져 일을 그르치는 사람들도 있다. 1983년 다국적군이 중동에 작전개입을 한 적이 있다. 많은 동맹군들이 중동군의 저격수와 테러리스트들로부터 공격을 당했지만 유독 이탈리아군만 별다른 피해를 입지 않았다. 15년이 지나고서야 진실이 밝혀졌다. 시리아 국방장관이 이탈리아의 영화배우 지나 롤로브리지다에 빠져 이탈리아 군인들을 공격하지 말자고 부탁한 것이다. 시리아 국방장관은 레바논 저항 군인들을 모아놓고 이렇게 호소했다.

"나는 여러분들이 단 한 명의 이탈리아 군인에게도 상처를 입히는 것을 원하지 않습니다. 왜냐하면 지나 롤로브리지다의 눈에서 단 한 방울의 눈물도 흘러나오지 않길 바라기 때문입니다."

몇 해 전 우리나라의 전역한 직업 군인이 북한의 미인 간첩에게 포섭돼 군사 기밀을 넘겨주었다가 적발된 적이 있고, 그전에도 미모의 여인을 중심으로 군 고위 장성 등이 연루된 스캔들이 폭로돼 한바탕 난리를 친 적이 있다. 미녀 하나 때문에 나라가 들썩이거나 심지어 국가의 흥망이 결정되는 일이 동서고금을 막론하고 숱하게 이어져 왔다.

사기꾼들의 특징은 겉모습이 대개 번지르르하다는 것이다. 명품만 골라 입고 값비싼 액세서리를 하는 것은 기본이고 고가의 자동차를 몰고 다니며 부를 과시한다.

학력이나 경력을 허위로 기재해 자신의 몸값을 높이는 사람도 많다. 몇 해 전에도 연예인과 유명인들이 대거 학력을 속인 것이 들통나 사회적 파장을 일으킨 적이 있다.

사기꾼들은 또 사소한 공통점을 찾아내 친한 척하기도 한다. 고향이나 출신 학교, 심지어 군대나 직장 등 신상에 관한 잡다한 것들을 묻거나 알아내 같은 고향 혹은 동문이라며 친근하게 대한다. 또한 자신이 잘 아는 사람이 있으니 곤란한 일이 생기면 다리를 놓아주겠다고 현혹하기도 한다. 평소에도 자주 연락해 아주 관심이 많은 것처럼 행세하고 식사나 골프 자리를 마련해 친분을 다지기도 한다. 좋은 사람을 소개하겠다며 이런저런 자리를 주선하면서 친분을 과시하기도 한다. 하지만 알고 보면 소개 자리에 나온 사람들 모두 "좋은 사람 만나게 해주겠다"는 말에 꾀여 나온 이들이다.

사기꾼들은 상대를 속이기 위해 사소한 것까지 섬세하게 신경을 쓴다. 군 장교 출신들이 끼는 반지를 가짜로 만들어 끼기도 하고 자선단체에 기부를 하면 받을 수 있는 배지를 달고 선량한 사람인 것처럼 포장하기도 한다. 특히 자선사업이나 어려운 사람들을 위해 봉사 활동을 많이 한다고 떠벌려 착한 사람의 마음을 움직이게 만들기도 한다.

### 겉모습에 당하지 않는 리액션

1. 상대에게 이끌리면 그 이유를 분석하라

2. 상대의 외모와 언행에 감춰진 진실에 집중하라

3. 사람과 상황을 분리해서 판단하라

4. 명함과 직함, 재산은 인간성과 별개라는 것을 명심하라

5. 지나친 자신감과 과시 행동을 의심하라

6. 사소한 트릭에 감동하지 마라

7. 확인하는 것을 부끄러워하지 마라

8. 끝까지 의심하라

## / 유혹에 쉽게 흔들리지 않기

TV 예능 프로그램에서 다음에 펼쳐질 상황을 암시하거나 예고하는 장면을 반복해서 보여주는 것은 시청자들의 관심을 계속 붙들어 두기 위한 흔한 수법 중 하나다. 시청자들은 보고 있는 프로가 재미 없더라도 결말을 보지 않으면 손해라는 생각 때문에 채널을 돌리지 않는 경향이 있다. 이런 심리를 알고 있는 제작자는 다음에 벌어질 상황을 계속 암시함으로써 끝까지 방송에서 눈을 떼지 못하도록 만드는 것이다.

시간이나 비용 등 이미 투자한 것이 아까워 포기하지 못하고 손해를 감수하면서도 계속 붙들고 있는 것을 행동경제학에서 "매몰비용sunk cost의 함정"이라고 한다. 주식이 계속 빠지고 있는데도 선뜻 손절매하지 못하거나 집값이 계속 떨어질 것이 뻔한데도 그것을 구입한 비용과 기다려온 시간이 아깝다며 팔지 못하는 경우가 대표적이다. 내가 선택하고 결정한 것이 틀렸다는 것을 인정하고 싶지 않기 때문인 것이 첫째 이유고, 손해보는 것을 너무나 싫어하는 것이 두번째 이유다.

이런 심리 때문에 스스로 매몰비용의 함정에 빠지기도 하지만 낚시꾼들은 그런 심리를 교묘하게 이용한다. 예전에 약장수들도 희한하게 그런 점을 알고 실행했다. 처음 사람들이 모여들기 시작했을 때 보자기로 가린 항아리 하나를 보여준다. 거기에는 이 세상에서 처음 보는 신기한 동물이 들어 있다고 말한다. 그리고 뱀 쇼 등을 하며 사람들의 눈과 귀를 즐겁게 하는 볼거리를 연출하면서 한 번씩 그 항아리의 존재를 부각시킨다. 사람들은 과연 그 항아리 안에 무엇이 들었을까 계속 궁금해 하고 결국 끝까지 자리를 지킨다. 중간에 가버리면 항아리 안에 있는 동물의 정체를 못 보게 될 것이라는 상실감 때문에 아무리 급한 일이 있어도 자리를 떠나지 못하는 것이다. 하지만 결국 약장수는 항아리를 열어 보이지도 않고 약만 팔아먹는다.

잠재적인 상실감은 곧 공포심으로 연결된다. 학원에서도 이런 수법을 쓴다. 아이가 미리 선행학습을 하거나 지금 실력을 다져놓지 않으면 상급 학교 진학은 말할 것도 없고 영원히 낙오자로 살게 될 것이라고 겁을 준다. 학부모들은 학원에 다니지 않으면 큰일 나는 줄 알고 빚을 내서라도 학원에 보낸다. 일종의 공포 마케팅이다.

상실에 대한 두려움을 이용하는 대표적인 수법 중 하나가 홈쇼핑이다. 프로 시작부터 수량과 시기가 딱 정해져 있는 한정 판매여서 지금 당장 사지 않으면 영영 사지 못할 것이라는 암시를 준다. 이때 벌써 시청자들은 낚시 바늘에 한 코를 꿰이기 시작한다. 이어 주문이 밀려들고 있다는 멘트를 계속 날려주면서 시간이 얼마 남지 않았으니 빨리 주문하라고 재촉한다. 시청자들은 정말 기회가 영영 사라질까 봐 조바심을 내고 결국 사지 않아도 될 물건을 덜컥 주문한다. 나중에 물건을 받아보고서야 아무런 쓸모도 없는 물건이라는 것을 깨닫게 되지만 이미 물은 엎질러졌다.

하지 말라고 하면 더 하고 싶고 갖지 말라고 하면 더 갖고 싶은 것이 인간의 심리다. 금지된 것에 더 강한 욕망을 느끼는 것을 "심리적 저항이론psyhological reactance theory"이라 한다. 훔친 사과가 더 맛있다는 것도 사실 심리적 저항이론으로 설명할 수 있다. 그런데 이 심리적 저항을 교묘하게 이용하는 상술도 많다. 미성년자 관람불가 영화가 대표적이다. 케이블 TV 등에서도 "19금"을 일부러 더 크게 보이도록 화면에 배치하는데 이 표시를 보면 미성년자들이 더 시청하고 싶어 하는 것은 물론, 성인들도 더 많은 호기심을 갖는다. 영화를 개봉하기 전 수위가 너무 높아 가위질당한 부분이 많다는 것을 언론을 통해 흘리는 것 역시 같은 수법이다.

상대의 착한 심성을 이용해 동정심을 유발하는 전략에 속아 넘어가지 않도록 조심해야 한다. 감동을 잘 받고 늘 긍정적으로 생각하는 착한 심리를 이용해 사기를 치거나 기회를 빼앗아 가는 나쁜 사람들이 의외로 많다.

청나라 서태후는 원래 몰락한 집안의 딸로 먹고살기 위해 16세에 황제가 거처하는 궁궐인 자금성으로 들어갔다. 그녀는 밤이면 밤마다 고향집을 그리워하며 흐느끼고 울었다. 그러던 어느 날 황제 함풍제가 울음소리를 듣고 사연을 물었다. 그녀는 고향 생각에 눈물이 마를 날이 없다고 말했고 청순한 소녀의 눈물에 반했는지 황제는 그녀를 데려다 귀빈으로 봉했다. 일개 궁녀에서 후궁으로 신분이 급상승한 것이다.

귀빈이 된 지 1년 만에 그녀는 아들을 낳았다. 이름을 재순이라 하였다. 그런데 그녀 못지않게 아들의 출생을 반긴 사람이 있었으니 바로 황제의 정식 아내인 황후 자안이었다. 그녀는 황후가 되고도 후사가 없어 늘 노심초사하였던 터였다. 황후는 또한 귀빈을 맞았을 때조차 시샘하기는커녕 좋은 동생이 하나 생겼다며 반가워했던 후덕하고 자상한 성품의 소유자였다. 황후는 궁궐의 동쪽에 머물렀으므로 동태후, 귀빈은 궁궐 서쪽에 머물러 서태후라 불렸다.

서태후의 아들 재순은 생모보다 동태후를 더 믿고 따랐다. 생모 서태후가 엄격하게 자신을 대하는 것과 달리 동태후는 늘 따뜻하게 품어주었기 때문이다. 서태후는 몹시 못마땅하고 서운했으나 내색하지 않았다. 동태후의 위세가 두려웠던 것이다.

황제 함풍제가 서른의 나이로 세상을 떠나자 보위 문제로 조정이 시끄러워진다. 그때 재순의 나이 겨우 여섯. 조정 대신들은 나이 어린 황제를 모실 수 없다며 재순의 보위에 반대하고 나섰다. 서태후는 동태후를 찾아가 도움을 요청했다. 동태후는 조정 대신들을 설득해 재순이 황제 자리에 오를 수 있도록 했다. 그리하여 어린 재순이 청나라의 10대 황제 동치제가 되었다.

그러나 이런 고마움도 잠시, 서태후가 동태후에게 앙심을 품게 된 사건이 발생한다. 죽은 함풍제의 제삿날이었다. 서태후와 나란히 서 있던 동태후가 말한다.

"서태후는 서열이 나와 같지 않으니 한 발자국 뒤로 물러서시오!"

동태후의 이 말 한마디가 서태후의 가슴에 비수로 꽂힌다.

동치제의 혼사를 두고도 둘이 각을 세운다. 별 볼일 없는 집안 출신인 서태후는 "황후가 아는 게 없어야 정치에 간섭을 하지 않는다"며 평범한 집안 출신 여인을 추천했지만, 동태후는 반대로 자신처럼 명문가 출신을 내세웠다. 동치제는 동태후의 뜻에 따른다. 서태후의 가슴에 또다시 대못이 박힌다.

서태후는 영국과 프랑스의 침략으로 불타 없어진 원명원(圓明園)을 재건하겠다고 나선다. 원명원은 서태후가 함풍제 생전 사랑을 나누던 추억의 장소다. 하지만 동태후가 반대했다. 어지러운 나라 형편에 비추어볼 때 적절치 않다는 것이었다. 서태후는 물러서지 않았다. 나라가 어지러울수록 황실의 위엄을 세워야 한다고 주장했다.

이때 동태후는 비장의 카드를 뽑아든다. 바로 함풍제의 유서였다. 함풍제는 유서에 서태후가 아무래도 나라를 망칠 것 같으니 분수를 모르고 날뛰면 죽여버리라고 썼다. 유서를 공개하라고도 했다. 서태후는 두려움에 떠는 한편 동태후에게 앙갚음할 날만을 손꼽아 기다렸다.

그러던 어느 날, 서태후에게 절호의 기회가 찾아온다. 동태후가 병이 나누웠다는 소식이 날아든 것이다. 서태후는 자신의 손을 베어 피를 냈다. 그리고 보란 듯이 동태후를 찾았다. 동태후가 물었다.

"그 손은 어찌 된 일이오?"

"제 피를 황후의 약으로 쓰기 위해 손을 베었사옵니다!"

동태후는 이에 크게 감동받고 눈물을 지었다.

'내가 못난 탓에 죄 없는 서태후를 의심했구나!'

동태후는 그 길로 황제의 유서를 불살라 없애 버렸다. 이 소식을 들은 서태후는 크게 기뻐했다. 그녀는 더 이상 두려울 게 없었다. 외간 남자를 궁으로 불러들여 음탕한 짓을 일삼고, 백성 한 명이 1년 먹을 쌀값에 해당하는 돈을 한 끼 식사비로 썼을 뿐 아니라 2만 벌의 옷을 만들어 시도 때도 없이 갈아입었다. 원성이 들끓었으나 들은 척도 하지 않았다.

동태후는 이내 황제의 유서를 없애 버린 것을 크게 후회했다. 그러나 소용없는 짓이었다. 속병을 앓던 동태후는 마흔넷의 나이에 죽고 만다. 서태후의 행실에 화병이 생겨 자살했다는 소문도 있다.

서태후는 죽기 전 동태후의 묘보다 높은 곳에 자신의 묘터를 잡았다. 죽어서까지 동태후보다 높은 서열을 차지하고 싶었던 것이다. 그럼에도 서태후는 죽기 전 이렇게 말했다고 한다.

"나처럼 불행한 여자가 더 이상 없기를 바라오!"

동태후는 천성이 착하고 순하며 자신의 욕심보다 타인의 아픔을 먼저 헤아리는 사람이었다. 하지만 서태후에 대한 대응은 현명하지 못했다. 서태후가 충분히 그럴 수 있을 것이라는 예측을 해야 했다. 자신의 안위뿐 아니라 나라를 위해서라도 단호하게 대처했어야 했다. 쓸데없는 동정심이 자신은 물론 나라까지 위태롭게 할 수 있다는 사실을 깨달아야 했던 것이다.

1차 세계 대전이 한창이던 1918년 9월의 어느 날, 영국군 보병이었던 헨리 텐디는 프랑스의 작은 도시 근처에 있는 적의 참호를 공격하게 되었다. 거기에서 텐디는 피를 흘리며 쓰러져 있는 적군 하나를 발견했다. 당장 쏴 죽일 수 있는 상황이었다. 하지만 왠지 방아쇠를 당기고 싶지 않았다.

그날 텐디는 승승장구했다. 여러 개의 적 참호를 빼앗았을 뿐 아니라 수많은 적병들이 그의 손에 목숨을 잃었다. 적병 하나 죽이는 것은 식은 죽 먹기였다. 그런데도 그 순간 부상당한 병사를 죽이는 것이 옳지 않다는 생각이 들었다.

그로부터 22년 후인 1940년, 나치가 코벤트리에 포격을 가하고 있었고 그때 텐디는 코벤트리의 자동차 공장에서 안전요원으로 일하고 있었다. 텐디는 가슴을 치며 울먹였다.

"그때 부상당한 적군 녀석을 지옥으로 보내버렸어야 하는 건데!"

텐디가 지옥으로 보냈어야 할 적군은 바로 아돌프 히틀러였다! 그의 따뜻한 인간미가 결국 수백만 명의 목숨을 앗아갔을 뿐 아니라 인류를 전쟁의 공포로 몰아넣은 것이다. 한순간의 동정심이 이처럼 끔찍한 결과를 가져오리라고는 아무도 예상하지 못했을 것이다.

다음은 이솝 우화에 나오는 이야기다.

여우가 생선을 먹다 가시가 목에 걸렸다. 캑캑거리며 나뒹굴기도 하고 높은 곳에서 뛰어내려 보기도 했지만 소용이 없었다. 물을 마구 들이켜 봤지만 배만 불러올 뿐 가시는 꿈쩍도 하지 않았다. 당장 숨이 막혀 죽을 것만 같았다. '이렇게 허망하게 죽는구나!' 하고 혀를 축 늘어트린 채 엎어져 있는데 마침 왜가리 한 마리가 지나가고 있는 게 보였다. 옳지 잘됐다! 꾀 많은 여우는 그 순간 번쩍 아이디어가 떠올랐다.

여우가 다 죽어가는 목소리로 왜가리를 불렀다.

"왜가리님! 왜가리님!"

왜가리가 고개를 돌려 여우를 바라봤다. 평소 같으면 살금살금 다가와 자신을 잡아먹으려 할 텐데 평소와 다른 행동이 이상했다. 여우가 다시 왜가리를 불렀다.

호기심이 인 왜가리가 대답한다. "아니, 여우님 웬일이신가요?"

"내가 마침 큰 물고기를 잡아 뱃속에 넣어두었는데 말이야. 그동안 왜가리님을 못 살게 군 게 미안해서 그놈을 왜가리님한테 주려고 그러지."

왜가리도 마침 무척 배가 고픈 참이었다. 이틀 째 아무것도 먹지 못했던 것이다. 왜가리는 반색했고 여우는 속으로 쾌재를 불렀다. 여우가 입을 쩍 벌리며 말했다.

"자, 이리 와서 내 뱃속을 한번 들여다봐요."

왜가리는 경계를 멈추지 않은 채 조심조심 다가갔다. 그리고 여우의 입 속을 들여다봤다. 여우가 말했다.

"왜가리님, 고개를 좀 더 넣어야 물고기가 보이죠. 그리고 목구멍에 있는 가시 때문에 속이 잘 안 보일 수 있으니 그놈부터 뽑아 버리도록 하세요."

왜가리는 목을 쭉 뽑아 여우의 목에 걸려 있던 가시를 뽑아냈다. 여우는 이제 살겠다며 큰 숨을 쉬고 좋아했다. 그리고 휭하니 돌아서는 게 아닌가! 왜가리가 깜짝 놀라 말했다.

"여우님, 어디 가세요? 뱃속의 물고기는 어쩌고요?"

여우가 코웃음을 치며 말했다.

"어리석은 왜가리 녀석아, 너는 나한테 고맙다고 해야 해. 네 대가리가 내 입속으로 들어왔을 때 와지끈 먹어버릴 수도 있었어!"

또 다른 이솝 우화다.

양이 길을 잃고 숲 속을 헤매게 되었다. 가시덤불을 헤치며 양 떼를 찾아가던 중 그만 발에 가시가 박히고 말았다. 아파서 견딜 수가 없었다. 비명소리가 절로 나왔다. 마침 주변을 어슬렁거리던 배고픈 늑대가 그 소리를 들었다. 늑대는 침을 꿀꺽 삼키며 양에게 달려들었다. 그때 양이 소리쳤다.

"늑대님, 잠깐만요. 제 말 좀 들어보세요."

늑대가 양의 목덜미를 물려다 말고 바라보았다.

"늑대님, 저는 평소 늑대님을 존경해 왔어요. 그러니 늑대님한테 잡혀 먹어도 여한이 없어요. 그런데 저를 잘못 먹으며 큰일 날 수 있답니다."

"왜?"

"제 뒷발에 큰 가시가 박혀 있어요. 그런데 그걸 빼지 않고 통째로 먹었다가는 늑대님의 목에 걸릴 수도 있어요. 저는 그게 걱정이랍니다. 그리고 무엇보다 늑대님은 착하고 훌륭한 분이니까 제가 죽기 전에 먼저 가시 때문에 고통받는 것에서 벗어날 수 있도록 도와주시리라 믿어요."

늑대는 반신반의하면서도 양의 마음씨에 감동하고 말았다. 자신이 정말 착한 늑대인 것처럼 느껴졌다. 늑대는 양의 뒤꽁무니로 다가갔다.

"늑대님, 제 오른쪽 뒷발을 잘 들여다보셔야 해요."

과연 큰 가시가 보이는지라 늑대는 날카로운 이빨로 가시를 뽑아냈다.

"늑대님, 왼쪽 발에도 가시가 있는지 보세요."

늑대는 의심하지 않고 양의 왼쪽 발을 들여다보기 위해 고개를 숙였다. 그때 양은 있는 힘을 다해 늑대의 턱을 걸어찼다. 예상치 못한 공격에 늑대는 정신을 잃었고 양은 부리나케 도망을 갔다. 한참 시간이 지난 후 정신을 차린 늑대가 가슴을 치며 후회했지만 소용이 없었다.

### 유혹에 대처하는 모진 마음 리액션

**1. 더 큰 손해를 막으려면 작은 손해는 감수하라**

**2. 진정 나한테 필요한 것인지 판단하라**

**3. 흥분하면 진다는 것을 잊지 마라**

**4. 공포 마케팅에 겁먹지 마라**

**5. 어설픈 동정심은 버려라**

Change
of
Reaction

05

직장인을 위한
백전백승 리액션

Reaction!

# 비즈니스 리액션
# 이렇게 하라

의외로 행복한 기분으로 직장 생활을 계속해 나가는 사람은 많지 않다. 아무리 남들이 신의 직장이니 최고의 직장이니 부러워해도 막상 들어가 보면 현실은 그렇지 않은 경우가 있다. 연봉이 많은 대신 업무 강도가 지나치게 세다든지, 업무는 할 만한데 상사가 너무 고약하다든지 그야말로 누이 좋고 매부 좋은 곳은 잘 없다.

너무 심술궂은 상사가 있어서 부서를 옮기거나 직장을 옮기면 그곳에 그와 똑같거나 심지어 더한 사람이 버티고 있을 수도 있다. 그렇기 때문에 직장이란 어디를 가도 그렇고 그런 곳이라는 각오를 어느 정도는 해야 한다. 정말 자신의 적성과 능력에 맞지 않고 더구나 비전까지 없다면 과감하게 결단해야겠지만, 그렇지 않을 경우 최선을 다해 주어진 상황에서 적응하려고 노력하는 것이 현명하다.

직장 생활을 하면서 돈을 벌기 위해 출근한다는 마음처럼 불행한 일도 없다. 스트레스의 이유가 상사가 됐든 일이 됐든 무조건 그것이 싫다고 회피할 것이 아니라 어떤 방식으로 처리할 것인지 고민하는 게 낫다. 적극적으로 맞서 문제의 본질을 살피고 해결책을 찾다보면 길이 나오게 돼 있다. 하늘은 스스로 돕는 자를 돕는다.

직장 생활을 잘하기 위해서는 당연히 맡은 업무부터 잘 처리해야 한다. 직장은 대학의 서클과는 다르다. 프로들이 모인 계약 집단이다. 일을 하기 위해 모였다. 어느 정도의 인간적인 배려는 해주지만 일을 제대로 해내지 못하면 직장이라는 의미와 목적 자체가 상실된다. 마음에 들고 안 들고의 문제 이전에, 내가 조직이 원하는 업무를 스마트하게 처리할 능력과 자세가 돼 있는지 먼저 파악해야 한다.

과연 할 수 있는 일인지, 할 수 있다면 긍정적인 자세로 임해 주위 사람들에게 신뢰를 얻는 것은 물론 멋있다는 칭찬을 들을 수 있도록 해야 한다. 업무에서 신뢰받지 못하면 인간적인 면에서도 거리가 생길 수밖에 없다. 업무를 최우선 순위로 멋지게 해낸 다음에는 상사나 동료 혹은 고객과의 관계 맺기에 있어 매너를 지키고 예의와 품의를 잃지 않도록 조심하고 주의해야 한다. 당당하고 자신감 넘치는 태도를 유지하는 것은 말할 것도 없다.

# / 프레젠테이션 리액션

직장에서 신임을 받기 위한 조건 중에는 사람들 앞에서 프레젠테이션을 잘하는 것도 포함된다. 프레젠테이션은 그 자체로 어떤 사람의 됨됨이나 능력을 평가하는 시험대다. 이것이 성공하기 위해서는 전달할 내용과 그것을 구성하는 방법, 요령은 물론 공간과 자리 배치, 무대 연출과 소품 배치 등 모든 것들이 유기적으로 어우러지도록 해야 하기 때문이다. 전달할 내용과 초청 인사에 따라 프레젠테이션의 방법과 전략이 달라져야 하고 그러기 위해서는 목소리와 얼굴 표정 등 개인적인 인상과 능력은 말할 것도 없고 이를 종합적으로 이끌어갈 구성원들 간의 팀워크도 매우 중요하다.

## 스티브 잡스처럼 쇼맨십을 보여라

2011년 세상을 떠난 스티브 잡스는 세계 IT 역사를 새로 쓴 천재였다. 그가 췌장암으로 세상을 떠났을 때 사람들은 한 명의 천재를 잃었다는 아쉬움과 함께 더 이상 최고의 프레젠테이션을 볼 수 없다며 탄식했다. 그는 생전에 사람들의 기억에 영원히 남을 만한 멋지고 성공적인 프레젠테이션을 했다. 그가 프레젠테이션을 한다는 발표가 있고 나면 전 세계의 눈과 귀가 그를 향해 쏠렸다. 과연 그가 어떤 제품을 선보일 것인지에 대한 호기심과 함께 얼마나 멋진 프레젠테이션을 보여

줄 것인지 관심을 보였다. 실제로 그가 프레젠테이션을 할 때마다 전 세계 미디어와 소비자들은 감탄을 금치 못했고 심지어 그의 프레젠테이션 기법만을 전문적으로 연구하는 사람들이 생겨났고 그것을 주제로 한 책들도 쏟아져 나왔다.

스티브 잡스가 프레젠테이션의 천재로 칭송받을 수 있었던 것은 대중과의 공감 능력 즉, 액션과 리액션의 절묘한 운용 기술에 있다. 긍정적이고도 우호적인 청중들의 반응을 이끌어내기 위해 그는 사전에 치밀하게 준비했고 현장에서 멋지게 실현해 냈다. 그의 프레젠테이션은 그 자체로 훌륭한 볼거리였으며 한 편의 마술 쇼처럼 사람들을 즐겁게 만들었다. 단순히 정보를 전달하는 것이 아닌 엔터테이너로서의 역할까지 훌륭하게 해낸 탁월한 쇼맨십의 소유자였던 것이다.

스티브 잡스는 미디어를 통해 프레젠테이션 날짜를 알려 먼저 청중들을 궁금하게 만들었다. 제품에 대한 정보는 물론 프레젠테이션에 관한 어떤 정보도 내놓지 않았기에 사람들의 궁금증이 더욱 컸고 때문에 프레젠테이션 장소에 모였을 때는 스티브 잡스의 말과 행동 하나하나에 촉각을 곤두세우고 지켜볼 수 있었다. 먼저 궁금증을 증폭시켜 상대를 안달나게 함으로써 상황을 지배할 수 있었던 것이다. 긍정적인 리액션을 얻기 위해 먼저 전략적이고 치밀한 액션을 취한 것이다.

스티브 잡스가 훌륭한 프레젠테이션을 할 수 있었던 가장 큰 요인은 스토리였다. 그는 단순히 제품의 정보만을 들려주는 딱딱한 프레젠테이션이 아닌 청중들이 완전히 몰입할 수 있는 스토리를 만들었다. 사람들은 어린 시절부터 누구나 이야기 듣기를 좋아한다. 할머니가 들려주는 옛날이야기는 물론 학교에서도 선생님에게도 이야기를 들려달라며 조르기도 한다. 어른도 마찬가지로 이야기 듣기를 좋아한다. 사람들은 평생 이야기를 좋아한다는 것을 스티브 잡스는 잘 알고 있었고 이것을 비즈니스 현장에서 멋지게 활용했다.

그가 프레젠테이션에서 활용한 이야기는 청중들이 왜 그 자리에 와 있는지 깨닫도록 해주었다. 시간과 돈을 들여 온 이유가 무엇인지를 스스로 알아차릴 수 있도록 한 것이다. 가장 즐겨 사용한 수법은 대결 구도를 만들어내는 것이다. 경쟁사 제품에 대한 문제점과 한계를 먼저 들려줌으로써 공감을 이끌어낸다. 그런 다음 애플 신제품들이 경쟁사들의 문제점과 한계를 극복할 수 있는 능력이 있다는 것을 직접 사용하면서 보여준다. 청중들은 마치 애플의 신제품을 응원해야 할 같은 편으로 인식하고 긍정적인 반응을 보이는 것은 물론 자신들이 왜 그 자리에 왔는지 깨닫게 되는 것이다.

스티브 잡스는 경영자로서는 굉장히 독선적이고 잔인하기까지 했다. 하지만 프레젠테이션을 하는 순간은 친절했다. 청중들이 쉽게 알아들을 수 있도록 배려한다는 인상을 심어주었다. 기가바이트 같은 전문 용어 대신 노래 천 곡을 호주머니에 넣고 다닐 수 있는 용량이라는 등 누구나 쉽게 알아들을 수 있도록 한 것이다. 또 장황하게 설명하는 대신 핵심 문구를 간략하게 정리해 들려줌으로써 청중들의 머릿속에 깊은 인상을 남겼다.

스티브 잡스가 훌륭한 프레젠테이션을 할 수 있었던 또 다른 요인은 치밀한 사전 준비였다. 프레젠테이션의 내용과 구성, 진행 방식 등을 완벽하게 짜는 것은 물론 준비한 원고에 따라 말투와 표정, 제스처 등을 수없이 반복하면서 실제 상황에서 자연스러운 모습이 될 수 있도록 했다.

그는 또 프레젠테이션을 할 때 항상 청바지와 검은색 터틀넥을 입었는데, 신사복이 아닌 자연스러운 복장을 함으로써 청중들에게 긴장감을 주지 않고 편안하게 프레젠테이션에 몰입할 수 있도록 했다. 그는 디자인에 매우 까다롭고 엄격했는데 프레젠테이션 복장 역시 그의 그런 취향이 적극적으로 반영된 것이다. 하지만 그런 그도 중요한 미팅을 할 때는 정장을 입었다. 스티브 잡스처럼 훌륭한 업적을 쌓았거나 명성이 높지 않은 사람이 중요한 프레젠테이션을 할 때 청바지에 허름한 셔츠를 입고 있다면 웃음거리가 되거나 신중하지 못한 사람이라는 인상을 줄 가능성이 크다.

1. 호기심을 자극하라

2. 스토리를 만들어라

3. 적의 약점을 활용하라

4. 청중을 배려하라

5. 연습하고 또 연습하라


## 당신의 프레젠테이션에 스토리를 더하라

2011년 7월 6일 밤, 남아공 더반으로부터 평창이 2018년 동계올림픽 개최지로 선정됐다는 소식이 날아왔다. 한국은 이날 95명의 국제올림픽위원회IOC 위원들을 상대로 멋진 프레젠테이션을 펼쳐 올림픽 개최권을 따는 데 결정적인 역할을 했다.

특히 피겨 여왕 김연아와 나승연 유치위원회 대변인의 프레젠테이션이 깊은 인상을 남겼다. 김연아 선수는 특유의 밝고 자신감 넘치는 미소로 IOC 위원들의 마음을 사로잡았고, 나승연 대변인은 뛰어난 미모와 유창한 영어 실력으로 청중을 압도했다. 둘은 완벽한 프레젠테이션의 모델을 제시했다는 평가를 받았다. 이날 프레젠테이션은 두 사람의 역할뿐 아니라 전체적으로 매우 치밀한 전략과 준비 과정이 있었기에 성공을 거둘 수 있었다. 프레젠테이션은 나승연 대변인을 시작으로 조양호 유치위원장, 이명박 대통령, 김진선 특임대사, 김연아 선수, 문대성 IOC 선수위원, 박용성 대한올림픽위원회 위원장, 한국계 미국인 스키선수 토비 도슨 순으로 이뤄졌다.

나승연 대변인은 첫 주자로 나서 청중들의 시선을 끌어모으는 데 성공했을 뿐 아니라 마지막 마무리까지 멋지게 해냈다. 지적이면서도 자신감 넘치는 분위기로 단번에 긍정적이고 우호적인 반응을 이끌어 냈다. 김연아 선수는 이미 세계적인 빙상스타로 국제 무대에 널리 알려진 인물인 만큼 청중들의 시선을 끌기에 충분했고 밝은 미소도 호감을 샀다.

이날 히든카드는 토비 도슨이었다. 그는 어릴 적 길을 잃는 바람에 미국으로 입양돼 미국 국가대표 스키 선수로 성장한 인물로 인생 역정 자체가 청중들의 가슴을 뭉클하게 만들었다. 토비 도슨의 가슴 찡한 사연을 들은 청중들은 숙연한 기분에 감동을 받은 기색이 역력했고, 나승연 대변인은 토비 도슨의 이야기를 넘겨받아 깔끔하게 마무리했다. 때로는 이성보다 감성에 호소하는 것이 감동을 이끌어내는 데 탁월한 효과를 낼 수 있다는 사실을 증명한 것이다. 여기서도 프레젠터와 청중, 그리고 프레젠터들 간의 절묘한 액션과 리액션의 조화가 이뤄졌던 것이다.

평창 동계올림픽 유치에 결정적인 역할을 한 사람은 테렌스 번스다.

그는 프레젠테이션의 달인으로 통한다. 캐나다의 밴쿠버와 러시아의 소치가 각각 2010, 2014년 동계올림픽을 따낼 수 있었던 것은 그가 프레젠테이션 총감독이었기에 가능했다. 평창은 이 때문에 두 번이나 고배를 마셔야 했지만 마지막 세번째에 그를 영입해 마침내 개최권을 따낼 수 있었다. 그는 평창이 공식 후보 도시로 선정된 이후 처음부터 마지막까지 모든 프레젠테이션을 기획·감독했다. 프레젠테이션의 주제인 '새로운 지평'을 고안하고 대본을 쓴 것은 물론 연설자들의 발음과 호흡, 시선 처리, 심지어 손과 발의 세세한 동작까지 모든 것을 지도하고 이끌었다. 연설자들의 호흡과 미세한 동작 등 모든 것이 철저하게 준비되고 연습된 것이다.

그는 훌륭한 프레젠테이션을 하기 위해서는 대상과 이유를 명확하게 인식하는 것이 중요하다고 강조한다. 프레젠테이션에 참가한 사람들이 어떤 사람인지 먼저 파악하고 그들이 과연 무엇을 듣고 싶어 하는가를 알아야 한다. 그래야 마음을 얻을 수 있다는 것이다. 프레젠터가 하고 싶은 말만 하면 십중팔구 실패한다. 청중들이 프레젠테이션에 오는 이유는 듣고 싶은 이야기를 들을 수 있다는 기대 때문이다. 동계 올림픽 프레젠테이션에서는 명확했다. 청중은 IOC 위원이며 그들은 평창이 왜 올림픽 개최지가 되어야 하는지 듣고 싶었던 것이다.

평창에서 올림픽이 열려야 하는 이유는 아시아 시장의 개척 때문이다. 이제 사람들은 남북 평화 같은 말에는 귀기울이지 않는다. 식상하기 때문이다. IOC는 상업적인 이익을 추구하기에 시장의 확대는 그들에게 매력적일 수밖에 없다. 그래서 평창에서 올림픽을 열면 아시아 시장의 개척을 위한 교두보가 마련된다는 주제로 설득한 것이다.

그리고 역시 스토리다. 사람들은 이왕이면 감동받고 싶어 한다. 토비 도슨을 기용한 이유가 머리가 아닌 가슴을 울려 마음을 열도록 한 것이었다. 전략은 적중했다. 토비 도슨의 인생이 그 자체로 감동을 주는 것은 물론 평창의 도전사가 토비 도슨의 인생과 맥을 같이한다는 것을 청중들이 깨달은 것이다.

한국인은 한국인다운 것이 경쟁력이다. 서양인들을 대상으로 하는 프레젠테이션이라고 해서 서양 사람처럼 말하거나 행동하면 오히려 마이너스다. 일본은 2016년 여름올림픽 유치전에서 서양식 농담을 하고 자연스럽지 못한 제스처로 청중들을 불편하게 만들었다. 실패는 당연했다. 한국인은 한국인답게 성실하고 겸손한 자세로 임하는 것이 좋다. 외국인을 상대로 프레젠테이션을 하다보면 더 긴장하게 된다. 그 때문에 평소 연습한 대로 하지 못하고 망쳐버리는 수가 있다. 페이스를 잃지 않고 강약 조절을 잘할 수 있어야 하는데 그러기 위해서는 서두르지 않고 천천히 진행하는 것이 좋다.

1. 누구를 대상으로 왜 하는지 인식하라

2. 청중이 원하는 이야기를 들려줘라

3. 스토리를 만들어라

4. 마음을 움직이는 감동을 줘라

5. 정체성을 유지하라

## 침묵의 묘미를 살려라

때로는 침묵이 금이다. 아무리 중요한 내용이라 해도 숨도 쉬지 않고 장황하게 말하면 청중은 집중력을 잃는다. 30초 정도 말하고 끊어주는 것이 좋다. 질리거나 졸리게 해서는 안 된다.

침묵해야 할 때 침묵해야 한다. 질문을 던져 청중들이 생각할 시간을 주면서 잠시 침묵해 보자. 청중들의 집중도도 높아지고 흥미도 높아진다. 침묵이 너무 길면 '자기도 모르는 거 아냐?'라고 청중으로부터 의심받을 수 있다. 굉장히 중요하다고 생각되는 부분이 나오면 바로 앞에서 한 호흡 탁 쉬어주는 것도 좋다.

## 눈빛으로 말하라

갈망하는 눈빛으로 청중의 눈을 들여다봐야 한다. 눈길이 마주친 청중은 더욱 집중하게 되고 기대감도 높아진다. 특정인에게 자주 눈길을 보내는 것은 피하자. 집중적으로 눈길을 받는 청중은 부담스러울 수 있고 다른 청중들은 불공평하다고 생각할 수 있다. 눈길을 차분하게 두루 골고루 던지는 것이 좋다. 여기저기 마구 눈길을 주면 산만하고 자신감도 없어 보인다.

## 어설픈 농담은 금물이다

잘 웃기지도 못하는 사람이 분위기를 띄워보겠다며 어설픈 농담으로 시작하는 것은 좋지 않다. 대개 남들을 잘 웃기지 못하는 사람은 자신이 재미없다는 것을 잘 모른다. 지위가 높은 사람이면 웃기지 않아도 예의상 웃어주기는 하겠지만 청중들이 자신보다 높은 지위에 있거나 고객일 경우 썰렁한 농담은 피하는 게 상책이다. 초반의 재미없는 농담이 신뢰를 떨어뜨려 프레젠테이션을 망칠 수 있다.


# / 소통과 회술의 리액션

말 한마디가 천 냥 빚을 갚는다는 옛말이 있다. 요즘도 마찬가지다. 아무리 능력이 뛰어나고 마음속에 고귀한 가치를 지니고 있더라도 말로 잘 표현하지 못하면 아무 소용이 없다. 묵묵히 자신의 일에 매진하다 보면 사람들이 알아주겠지 싶지만 현실은 그렇지 않다. 조직 내 구성원은 물론 외부 사람과 접촉하면서 끊임없이 커뮤니케이션을 해야 하기 때문에 평소 소통 능력이 곧 그 사람의 전체 능력을 좌우한다. 따라서 상황과 상대에 따라 단어와 말투를 적절하게 구사할 수 있도록 연습하는 습관을 들여놓지 않으면 안 된다.

## 애매한 말, 안 돼~

"부장님, 현장에 나가봐야 되지 않을까 싶은데요?"

"무슨 소린가?"

"현장에 무슨 일이 있는 것 같아서요."

김 대리와 부장의 대화 내용이다. 부장은 이 세 마디를 주고받으면서 벌써 짜증이 난 상태다. 김 대리가 도통 무슨 말을 하는지 감이 오지 않는다. 안 그래도 상무로부터 지적을 당해 기분이 나쁜 판인데 눈치 없는 김 대리가 또 속을 긁은 것이다. 현장에 나가겠다는 건지 말겠다는 건지, 현장에 무슨 일이 생겼다는 건지 아니라는 건지, 도대체 애매하기 짝이 없는 소리를 해대고 있는 것이다. 부장이 기분 좋을 때라면 "애정남(애매한 것을 정해 주는 남자)에게 물어볼까?" 하고 농담이라도 하겠지만 지금은 아니다.

김 대리의 잘못은 현장에 왜 나가야 하는지 그 이유를 본인조차 명확하게 모르고 있다는 점이다. 먼저 상황을 확인한 후 현장에 나가야

하는 이유와 목적을 찾아야 한다. 그리고 이렇게 말했어야 한다.

"부장님, 현장에 나갔다 오겠습니다."

"왜?"

"예, 현장에서 포클레인 고장으로 문제가 생겼다는 연락이 왔습니다."

"그래? 얼른 다녀와!"

애매한 말로 상대의 속을 뒤집어 놓지 않으려면 평소 언어 습관을 잘 들여야 한다. 방송 진행자들 중에는 "~그런 게 아닌가 싶습니다"라고 말하는 경우가 많다. 얼핏 들으면 굉장히 겸손한 말투 같지만 계속 반복되면 짜증이 난다. "~아닌가 싶습니다"는 자신의 견해나 사실관계에 대한 확신을 유보하는 말인데 "~입니다"라고 말하는 것이 정확한 표현이다. "겨울이 오니까 더 추워지는 게 아닌가 싶습니다"라고 하지 말고 "겨울답게 추운 날씨입니다"라고 말하는 것이 낫다. 회사나 조직 생활에서도 이처럼 겸손한 척하는 방송 진행자의 멘트를 따라하지 않도록 하자.

## 상대를 존중하는 말씨

"고객님, 그 셔츠는 조금 더 비싸세요."

"왜 그렇죠?"

"그건 재료를 좀 더 좋은 걸 쓰신 겁니다."

매장 직원은 나름대로 고객에게 존댓말로 최대한 예우를 하고 있지만 어색하기 짝이 없다. 여기서 셔츠는 존댓말을 써야 할 인격체가 아니다. 이렇게 말했어야 했다.

"고객님, 그 셔츠는 조금 더 비쌉니다."

"왜 그렇죠?"

"재료를 좀 더 좋은 걸로 썼거든요."

이처럼 말하고자 하는 대상이 물건인 경우 존댓말을 쓰면 안 된다. 은행 창구의 상담원들도 가끔 이런 실수를 한다.

"그 펀드 상품은 수익률이 높으시지 않으세요."

"왜 그렇죠?"

"국제 금값이 떨어지셨거든요."

"그럼 곡물 펀드는 어떤가요?"

"그건 괜찮으세요. 국제 곡물 가격이 오를 가능성이 높으세요."

그러나 이렇게 말했어야 한다.

"그 펀드 상품은 수익률이 높지 않습니다."

"왜 그렇죠?"

"국제 금값이 떨어졌기 때문입니다."

"그럼 곡물 펀드는 어떤가요?"

"그건 괜찮습니다. 국제 곡물 가격이 오를 가능성이 높습니다."

사무실에서도 존댓말을 잘못 쓰는 바람에 교양 없는 사람으로 낙인 찍힐 수 있다. 김 대리가 상무로부터 전화를 받았다.

"예. 상무님, 지금 박 과장님 자리에 안 계십니다."

"아, 그래요? 어딜 갔나요?"

"현대물산 이 부장님과 미팅 중이십니다."

상무가 전화 통화를 하고 싶어 하는 박 과장은 김 대리의 상사지만 상무의 부하직원이다. 때문에 박 과장에 대해 말을 할 때는 상무의 기준에 맞춰야 한다. 현대물산의 이 부장은 외부 손님이기 때문에 님 자를 붙여도 상관없다. 그러므로 김 대리는 이렇게 말했어야 한다.

"예. 상무님, 지금 박 과장 자리에 없습니다."

"아, 그래요? 어딜 갔나요?"

"현대물산 이 부장님과 미팅 중입니다."

공손함이 지나치면 예의가 아니라고 했다. 승용차 뒷문을 열고 먼저 타라며 숙녀나 윗사람을 밀어 넣는 것이 예의가 아니듯, 존댓말을 쓰지 말아야 할 대상에게 존댓말을 쓰는 것도 예의에 맞지 않는다.

## 올바른 호칭

직장 상사의 아내를 부르는 말로는 사모님이나 형수님이 무난하다. 평소 격식을 갖추고 지내는 상사의 경우 사모님이라고 부르면 문제가 없고, 상사지만 가까운 선배나 형처럼 지내는 사이라면 형수님이라고 해도 괜찮다. 그런데 여자 선배나 상사의 남편은 어떻게 불러야 할지 고민이 된다. 그냥 남편이라고 하자니 예의가 아닌 것 같고 남편님이라고 하자니 어색하다. 김 대리가 새로 부임한 여성 부장과 나눈 대화다.

"부장님, 부군께서는 어떤 일을 하십니까?"

"아, 근데 김 대리는 입사한 지 몇 년 됐죠?"

여성 부장의 표정이 밝지 않았다. 김 대리가 자신의 남편을 부군이라 한 것이 못마땅했던 것이다. 김 대리는 부군夫君이 한자어라서 격식을 갖춘 말이라 생각했다. 하지만 부군은 같은 직급이나 부하직원의 남편을 일컬을 때 쓰는 것이다. 아랫사람인 김 대리가 자신의 남편을 부군이라 했으니 기분이 나빴던 것이다. 여성 상사 남편의 성함을 알고 있다면 아무개 선생님이 무난하고 바깥어른이라고 해도 예의에 어긋남이 없다. 나중에 직함이나 신분 등을 알게 되면 아무개 박사님, 아무개 교수님, 아무개 부장님 등 직함이나 학위 등을 붙여 부르면 예의를 지키면서 친근감도 줄 수 있다. 나중에 정말 개인적으로 친해지면 그때는 형님, 아우 해도 괜찮다. 그러나 공식 석상에서는 금물이다.

사모님의 반대 개념으로 사부님이라 부르는 사람들도 있다. 학교 선생님들 사이에서 주로 쓰이는 말인데 일반인들에게는 어색하다. 보통 사부라고 하면 무협 영화에 나오는 스승을 의미하는 것으로 들리기 때문에 잘못하면 웃음거리가 되거나 상대를 무안하게 만들 수 있다.

다른 사람 앞에서 "우리 김 박사가 말이야", "우리 이 원장께서"라고 말하면 교양이 없어 보일 수 있다. 남편을 추켜세우며 은근히 자랑하고 으스대는 느낌을 주기 때문이다. 남들 앞에서는 남편 혹은 바깥양반이라고 해야 겸손해 보인다.

김 부장의 아내가 회사에 전화를 걸어 "김 부장님 좀 바꿔주세요"라고 하면 실례다. 전화를 받는 사람이 남편의 부하직원이라면 별 문제가 없지만 상사일 경우 무례한 짓이다. 남편의 직장에 전화를 걸었다면 남편의 직함 뒤에 님 자는 절대 붙이지 않는다. 상대가 어디냐고 물으면 "집입니다" 하는 것이 좋다. "부인인데요"라고 하면 교양 없다. 스스로를 부인이라고 부르지 말자. 모임에서 아내를 소개하면서 "제 부인입니다" 하거나 남들에게 "우리 부인이 말입니다"라고 하는 것도 꼴불견이다. 남들 앞에서는 아내, 집사람, 안사람, 처라고 하는 것이 무난하다. 아주 친한 친구들 사이 아니면 '마누라'라는 말도 좋지 않다.

## / 스트레스를 줄이는 리액션

### 미리 걱정하지 마라

상사가 잔뜩 찌푸린 표정으로 앉아 있거나 혼자 씩씩거리면 공연히 불안해진다. '혹시 내가 뭘 잘못했나? 불똥이 나한테 튀면 어떡하지?' 같은 별의별 생각이 다 든다. 많은 직장인들이 이런 상황을 경험한다. 매일 이런 일이 반복되는 곳도 있다. 그렇다고 그때마다 스트레스를 받으면 결국 나만 손해다.

이럴 때는 마인드 컨트롤을 해야 한다. '저 양반 좋지 않은 일이 있는 모양이군. 마누라랑 싸웠나? 아니면 로또가 꽝이 됐나? 아무튼 나하고는 상관없는 일이야!' 이렇게 상사의 분노가 나와 아무 상관이 없다고 생각해 버리는 것이다. 실제로도 많은 경우 상사의 분노는 나와 아무런 관련이 없다. 설사 나로 인해 화났다 하더라도 그것이 사실로 밝혀져 꾸지람이 오기 전까지는 공연히 마음을 졸일 필요가 없다. 직장에서 스트레스를 받는 이유 중 하나가 다른 사람이 나를 어떻게 평가할까 걱정하는 것이다. 성공하려면 특히 상사로부터 평가를 잘 받아야 한다. 그렇다고 상사의 일거수일투족에 온 신경을 쓰고 혹시 나에 대해 나쁜 평가를 내리지는 않는지 노심초사하다 보면 오히려 마음에 병이 생긴다.

자신의 능력과 적성, 무엇보다 자신의 일하는 스타일이나 호흡을 잘 살펴 무리하지 않도록 컨트롤을 잘하는 것이 중요하다. 남들의 평가에 민감해져 자신의 여러 장점이나 특성을 제대로 발휘하지 못하고 엉뚱한 방향으로 나가거나 오버페이스 하면 결국 좋지 않은 결과를 맞는다.

남이 나를 어떻게 평가하든 너무 신경쓰지 않는 것이 좋다. 생각보다 나를 더 후하게 평가한다고 좋아서 펄쩍 뛰고 나쁘게 평가한다고 속끓이지 말고 항상 마음의 여유를 갖자. 직장이란 가정과 달라서 자신의 이해관계에 따라 다른 사람들에 대한 평가가 엇갈린다. 좋고 나쁨, 옳고 그름의 문제가 아니라 자신에게 이익이 되면 좋게 평가하고 손해가 되면 악평을 한다. 때문에 남들의 평가 자체가 정당하거나 객관적이지 않다는 것을 알아야 한다. 남들의 이목에 신경쓰고 평가에 노심초사해 봐야 아무도 알아주지 않고 내 마음만 다친다. 남들이 잘했다고 격려하고 칭찬해 주면 고맙다고 대답할 뿐 지나치게 감격하거나 감동받을 필요가 없다. 나를 비난하더라도 "지적해 주셔서 감사합니다" 할 뿐 그로 인해 고통받지 말자.

1. 상사의 모든 분노가 모두 내 탓이 아니라는 점을 알자

2. 남의 시선이나 평가에 민감하게 반응하지 마라

3. 나에 대한 평가는 그들의 이해관계에 따라 달라진다는 것을 명심하자

4. 칭찬과 비난에 감동받지도 고통받지도 마라

5. 모든 사람으로부터 칭찬받으려 하지 마라

6. 칭찬과 비난에 따라 아군과 적군으로 편을 가르지 마라

## 남녀가 지켜야 할 매너

직장에서 남녀 직원들이 한데 어울려 일을 하다보면 예기치 못한 갈등이 발생하기도 한다. 업무상 이견이나 실수가 아니라 남녀 간의 성별 특성을 제대로 이해하지 못해서 불필요한 마찰을 불러일으키는 경우가 많다. 차별해서는 안 되지만 그렇다고 성별 특성을 무시하면 곤란하다. 남녀 간의 특성을 잘 이해하고 불필요한 갈등이 일어나지 않도록 노력하는 것이 현명하다. 살을 맞대고 사는 부부 사이에도 끊임없이 마찰이 생기는 것처럼 직장에서도 남녀의 서로 다른 점 때문에 갈등이 생길 수 있다. 이를 인정하고 예의를 지키며 조심하는 것이 업무 효율이나 정서적인 면에서 모두에게 득이 된다.

여성주의자들에게는 섭섭할 수도 있는 흥미로운 연구 결과가 있다. 2011년 1월 영국 〈데일리메일〉 등에서 보도한 것으로, 남성들이 주도하는 직장에서 여성다운 기질을 발휘하는 여성이 더 성공하기 쉽다는 통계다. 미국 버지니아 주 조지메이슨 대학 올리비아 오넬리 박사 팀이 이 학교 경영학 석사 과정 남녀 학생 80명을 상대로 그들의 기질과 성격을 조사한 뒤 8년 뒤의 삶을 살폈다. 직장에서 남성처럼 공격성을 드러내는 여성보다 여성스러움을 무기로 한 숙녀 스타일이 더 성공적인 삶을 살고 있었다.

그렇다고 이 연구 결과가 절대적으로 옳고 성공하고 싶으면 여성다워야 한다고 말하기는 어렵다. 그렇다 하더라도 무리하게 여성스러움을 숨기고 남성처럼 행동하는 것보다는 자연스럽게 자신의 성격이나 기질을 발휘하는 것이 더 낫다는 데는 동의할 수 있다.

직장에서 남성들은 여성들에게 특히 조심할 필요가 있다. 지위고하를 막론하고 정중한 태도와 말투를 잃지 말아야 하고 여성을 비하하는 말은 하지 말아야 한다. 은연중에라도 남성이 우월하다는 인식을 드러내지 않고 여성들의 말에 귀를 기울이고 끝까지 듣는 태도를 취해야 한다.

여성의 경우, 공적인 업무와 사적인 일을 구분하고 직장에서의 인간관계를 사적인 것으로 오해하지 않도록 해야 한다. 프로답게 야무지게 말하는 습관을 들이고 핵심을 콕 찔러 말하는 요령을 익혀야 한다. 잘못한 일이 있으면 분명하게 사과해야겠지만 덮어놓고 무조건 사과하

는 것은 맞지 않다. 전달하고자 하는 바를 정확하게 말하고 원하는 것
과 싫은 것을 분명하게 확인시켜 주는 것이 좋다.

**남녀가 지켜야 할 매너 리액션**

1. 남녀의 차이와 특성을 인정하고 이해하라

2. 남녀의 차이로 차별하지 마라

3. 남자는 여직원에게 정중한 태도와 말씨로 대하라

4. 남자는 여성을 비하하는 말을 하지 마라

5. 남성이 우월하다는 인식을 드러내지 마라

6. 남자는 여성들의 말에 귀기울이고 끝까지 들어라

7. 여성은 공적인 업무와 사적인 감정을 구분하라

8. 여성은 핵심을 찔러 말하는 습관을 들여라

9. 여성도 잘못한 일이 있으면 사과하되 무조건 사과부터 하지는 마라

## 한 조각의 두려움은 리더십의 양념

요즘은 거칠고 마초적인 리더보다 섬세하고 평등한 관계를 유지하는
리더를 선호한다. 과거 남성 중심의 권위주의 시절에서는 리더가 강력
하게 지시하면 군말 없이 따르는 것이 미덕이었지만 이제 그런 스타

일은 구닥다리로 취급당한다. 그래서 종종 개방적인 스타일의 기업에서는 호칭할 때도 직책 대신 이름 뒤에 님 자를 붙여 공평하게 부르기도 한다. 이런 분위기에서는 개인의 창의력과 자발성이 높아져 생산성이 향상된다. 회식 자리에서도 상하 구분 없이 자유롭게 어울려 놀며 친밀한 관계를 유지한다. 이렇게 하면 직장 생활이 훨씬 즐겁고 정서적으로도 안정된다.

하지만 이런 평화적인 상황이 늘 보장되는 것이 아니다. 업무가 팽팽 잘 돌아가고 실적이 좋을 때는 화기애애한 가운데 즐거운 직장 생활을 할 수 있지만, 그렇지 않을 경우 문제가 달라진다. 승승장구할 때는 부드러운 카리스마를 가진 친구 같은 상사가 좋지만 비상 상황에서는 아니다.

인간의 본성이 늘 선하지만은 않아서 일이 잘되지 않을 때는 상대를 공격하게 된다. 이때 부드러운 상사는 공격받을 가능성이 높다. 부드럽고 따뜻한 리더십의 소유자가 어느 순간 결단력과 추진력 심지어 책임감조차 없는 형편없는 상사라는 오명을 뒤집어쓸 수 있는 것이다. 평소 부드러운 카리스마의 소유자라 자부하는 사람은 부하직원의 요구를 잘 들어주는 편이다. 자신의 견해보다 부하직원의 의견을 존중하고 또 많이 들으려 노력한다. 독단적으로 판단하기보다 함께 의논하고 결론을 이끌어내려 한다. 경제적인 측면에서도 가능하면 부하직원의 상황을 많이 배려한다.

하지만 상황이 어려워지면 이 모든 것이 힘들어진다. 부하직원들은 평소처럼 자신들의 의견이 관철되기를 희망하고 그 어떠한 손해도 용납하려 하지 않는다. 비상 상황이니 약간 무리가 되더라도 야근을 할 때의 저녁 식대비 범위를 7천 원에서 6천 원으로 줄이자고 제안해도 그들은 냉정하게 거절할 것이다. 그리고 계속해서 부드러운 리더십을 발휘해 줄 것을 요구할 것이다.

〈성경〉에 등장하는 모세는 이집트의 노예로 살고 있던 이스라엘 민족을 구출해 약속의 땅으로 인도했다. 그런데 중간에 반란이 일어났다. 약속의 땅에는 이미 굳건한 다른 민족이 살고 있었으며 그들과 대적했다가는 목숨을 잃게 될 것이라며 두려워한 것이다. 사람들은 모세가 무능하며 지혜롭지도 않다고 비난했다. 모세는 주저하지 않았다. 주모자들을 붙잡아 처형했고 반란에 가담한 사람들은 40년간이나 사막을 헤매다 목숨을 잃었다. 모세는 부드러운 카리스마가 늘 옳은 것은 아님을 알았던 것이다.

친구 같은 상사, 참 좋은 말이다. 하지만 상사는 친구가 아니다. 평소 친밀하게 지낸다고 해서 상사로서의 권위를 무시해서는 안 된다. 직장은 일을 하는 곳이며 일이 잘되기 위해서는 상사의 권위가 인정돼야 한다. 그렇다고 폭군처럼 안하무인으로 행동하면 바로잡아야겠지만 정당한 권위를 행사하지도 못할 지경이라면 큰 문제가 아닐 수 없다.

상사는 부하직원을 평가하고 자리 이동을 할 수 있는 인사권이 있다. 때문에 인사고과 등을 통해 부하직원에게 영향력을 행사할 수 있으며, 실제 그렇게 과감하고 결단력 있게 함으로써 허튼 소리가 아님을 증명해야 한다. 부드러운 리더십, 그 한 귀퉁이에 두려움 한 조각 정도는 남겨놓자.

 **부하직원에게 무시당하지 않는 상사 리액션**

1. 권위적이지 않되 권위를 잃어서는 안 된다

2. 친구처럼 편안할 수 있으나 결코 친구는 아니라는 점을 기억하라

3. 비상 상황이나 어려운 시기에 대비해 평소 권위를 잃지 마라

4. 인사권과 평가권을 가지고 있다는 것을 명심하고 활용하라

5. 약간의 두려움은 남겨 놓아라

## 일의 노예가 되지 않기

휴대폰 등 첨단 통신기기가 발달하면서 퇴근 후에도 업무가 지속되고 상사나 동료로부터 자유롭지 못한 것이 현실이다. 몸은 회사 밖에 있지만 휴대전화나 인터넷 등으로 마음은 회사를 떠나지 못하는 것이다. 이런 상황이 계속되면 노이로제에 걸리게 되고 심지어 잠자리조차 편

하지 않다. 정신적·육체적 피로가 쌓이고 심하면 정신질환을 앓거나 건강을 잃을 수도 있다.

과학이 고도로 발달한 사회에서 적응에 실패하거나 그로 인한 피로 감으로 생기는 일종의 증상을 테크노스트레스라고 하는데, 많은 현대 인들이 본인이 자각하지 못하는 사이에 이로 인해 고통받고 있다. 전 문가들은 이런 상황에서 벗어나는 최고의 방법은 퇴근 후에 과감하게 휴대전화를 던져버리는 것이라고 조언한다. 퇴근 후에는 전자 장비의 선을 아예 빼버리는 것이다.

하지만 말처럼 쉽지 않다. 많은 현대인들은 휴대폰에 강박 증세를 보인다. 실제로 아무 소리도 들리지 않는데도 마치 휴대폰이 울리는 것으로 착각하기도 하고, 미동도 하지 않는 휴대폰을 들여다보며 혹시 진동이 오지 않았는지 고개를 갸웃거리기도 한다. 시도 때도 없이 환 청이 들리고 혹시 오는 전화를 받지 못할까 봐 전전긍긍하기도 한다. 전문가들은 만약 5분 이상 참지 못하고 휴대폰을 확인해야 할 정도라 면 정신과 치료를 받으라고 조언한다. 휴대폰을 강박적으로 확인하는 것은 스트레스 증가와도 밀접한 연관이 있다.

흥미로운 점은 직업상 할 수 없이 해야만 할 때보다 개인적인 용무 로 휴대폰을 사용할 때 스트레스가 더 크다는 연구 결과다. 친구 관계 를 유지하고 확인하거나 사회적 네트워킹과 관련된 뉴스를 확인하는 일이 이에 해당한다. 영국 워시스터 대학교 심리학과의 리처드 볼딩

교수는 대학생 등 100여 명의 자원자를 대상으로 스트레스 측정 검사를 했다. 조사에 응한 사람들이 휴대폰을 구입하는 가장 큰 이유는 업무를 더 잘 처리하기 위해서였다. 하지만 결국에는 업무보다 소셜네트워크 유지 등 개인적인 일에 치중하는 것으로 확인됐다.

그런데 개인적인 이유로 스마트폰을 자주 체크하면 할수록 스트레스를 더 많이 받고 있었다. 들어오지도 않은 메시지가 수신됐다는 신호음을 환청으로 듣는 사람들은 극심한 스트레스에 노출돼 있었다. 휴대폰이 삶의 다양한 측면에서 도움을 주고 있지만 점점 더 거기에 의존하게 되고 스트레스를 불러일으키고 있다는 것을 보여준다. 심지어 휴대전화를 많이 쓸수록 정자 수가 적어지고 질도 낮아진다는 연구 결과도 있다.

미국 오하이오 주 클리블랜드 클리닉의 아쇼크 아가왈 박사 팀이 2011년 의학저널 〈임신과 불임〉에 발표한 것에 따르면, 불임 클리닉을 찾은 지 1년이 넘은 361명의 남성을 대상으로 휴대전화 사용 습관을 설문하고 정액 샘플을 채취해 정자 상태를 살펴봤더니, 휴대전화를 하루 4시간 이상 사용하는 사람의 정자 수가 가장 적었고 정상적인 정자의 수도 가장 적었다. 휴대전화를 사용하는 시간이 길수록 정자의 질도 더욱 낮아졌다. 아가왈 박사는 하루 1시간 이상 휴대전화를 쓰면 정자에 악영향을 줄 수 있으며 이론적으로 전자파가 DNA에 악영향을 미친다고 말했다. 과거에도 휴대전화 사용이 숙면을 방해하거나 뇌종양을 유발한다는 결과가 나오기도 했다. 2007년 미국 위스콘신대 의대의 지젠 얀 박사 팀이 숫쥐를 매일 3시간씩 18주 동안 휴대폰 전자파에 노출시키자 정자 세포가 죽었다는 연구도 있다.

그렇다면 휴대전화 사용을 좀 더 줄여야 할 이유가 분명해진다. 누구에게나 휴식은 필요하다. 아무리 좋은 사람이라도 늘 붙어 있으면 불편하거나 싫어질 수도 있다. 아무것도 아닌 일로 다투거나 감정이 상해 상처를 입히기도 한다. 이럴 때는 잠시 떨어져 있는 것이 낫다. 마찬가지로 휴대폰도 때로는 멀리하면서 정신적 휴식을 취해야 한다.

### 일의 노예가 되지 않는 휴대폰 리액션

1. 퇴근하면 회사 일은 잊어버리자

2. 퇴근 후에는 휴대전화와 인터넷 등으로 회사와 연결하지 않는다

3. 휴대전화의 신호음 환청이 들리는 등 강박증이 심하면 정신과 치료를 받자

4. 남성의 경우 줄어드는 정자 수를 생각하자

5. 때로는 휴대 전화를 과감하게 꺼버리자

## 직장에서 왕따를 당하지 않는 법

왕따가 사회문제로 부각되고 있지만 해결책을 찾기는 쉽지 않다. 학교에서는 물론 군대와 직장에서도 왕따가 존재하는 것으로 알려져 있다. 어느 취업 포털에서 설문 조사했더니 열에 다섯 정도가 왕따를 당한 경험이 있는 것으로 나타났다. 학교처럼 판단력이 부족하고 혈기왕성한 청소년들이 저지르는 왕따도 무섭지만 성인들 사이에 벌어지는 직장 왕따 역시 마찬가지다. 인격 형성이 거의 완성되고 사회적 책임과 도덕의식 등을 어느 정도 갖춘 성인들이 악의적으로 왕따를 시켜 괴롭히는 것인 만큼 그에 대한 책임도 엄중히 물어야 할 것이다.

그러나 왕따 피해자들 중 상당수는 남에게 알리지 않고 혼자 고민하는 것으로 알려졌다. 미국에서도 왕따를 당한 사람 중 80% 정도는 스스로 다니던 회사를 그만두는 것으로 드러났다. 국가를 불문하고 피해자가 더 큰 피해를 보는 악순환이 되풀이되는 것이다. 전문가들은 왕따를 당했다고 해서 체념하거나 포기하지 말고 적극적으로 대처하라고 조언한다.

먼저 내가 왕따를 당하고 있는 것이 분명한지 인식하는 것이 중요하다. 업무상 실수나 부족함으로 인해 정당하게 지적당하고 비판당하는 것이라면 기꺼이 받아들이고 인정할 줄 알아야 한다. 그래야 발전한다. 하지만 업무와 별 상관이 없는 인간성의 문제라든가 옷차림과 생김새 등 신체적 약점 등을 꼬집어 은근히 따돌리는 것이라면 왕따라고 봐야 한다. 또 전혀 근거 없는 소문을 퍼뜨려 곤경에 빠트리려는 사람이 있다면 그 사람이 왕따의 주범이다.

처음부터 막무가내로 왕따를 시키지는 않는다. 대개는 왕따를 당해도 가만 있을 사람인지 슬쩍 시험을 한다. 학교나 군대, 교도소 같은 곳이라면 상대의 약점을 트집잡아 조롱하거나 신체 접촉을 통해 반응을 떠본다. 만약 상대가 크게 반발하지 않거나 오히려 겁을 먹고 도망치고 위축되면 왕따를 시켜도 되겠다는 확신을 얻고 그때부터 점점 더 강도를 높여 나간다. 직장에서도 마찬가지다. 누군가 당신을 음해하는 정보를 흘리고 다니거나 대놓고 모욕적인 언사를 퍼붓는데도 즉각 반발하거나 따지지 않고 머뭇거리면 희생양이 될 가능성이 높아진다. 만약 첫 시험대에서 바로 당차게 대응하면 왕따를 시키려던 사람은 화들짝 놀라며 꽁무니를 뺄 것이다.

닭의 무리에서도 피를 흘리는 녀석이 있으면 모두 달려들어 공격을 해댄다. 상처난 닭을 재빨리 무리에서 떼놓지 않으면 다른 녀석들로부터 공격을 받아 죽고 만다. 왕따를 시키는 사람들도 그런 성향이 있다. 상대가 약하다 싶으면 공격하는 것이다.

왕따를 시키는 사람들의 마음속에는 두려움이 도사리고 있는 경우가 많다. 누군가를 왕따시키지 않으면 자신이 왕따를 당할지도 모른다며 노심초사하는 것이다. 그래서 끊임없이 자신을 대신해 왕따를 당할 희생양을 찾는 것이다. 그 대상이 바로 약한 사람이다.

그래서 왕따를 시키는 사람들은 희생양으로 점찍은 대상이 강하게 반응하면 되레 겁을 먹는다. 만약 누군가가 악의적인 소문을 내고 다니면 그 사람 앞에서 당당하게 그 사실에 대해 확인하고 그런 일이 계속될 경우 가만히 있지 않겠다고 말해야 한다. 만약 말하기 곤란한 상사라면 오해가 있는 것 같으니 사실은 이러이러하니 제대로 알아주었으면 좋겠다고 정중하되 단호하게 말해 줘야 한다. 왕따는 또래 동료들보다 상사가 주도하는 것이 더 치명적이다. 그렇다고 가만히 참으면 안 된다. 모른 척 참다보면 나중에 돌이킬 수 없는 상황으로 빠져버릴 수 있다.

평소 강한 인상을 풍겨야 한다. 목에 힘을 주고 뻣뻣하게 굴라는 이야기가 아니다. 상냥하고 여유 있는 표정과 몸짓을 하되 잘못 건드리면 큰일 날 사람이라는 인상을 은근히 풍겨야 하는 것이다. 회의를 할 때도 구부정한 자세로 앞뒤가 맞지 않는 말을 하지 않도록 하고, 지시를 받거나 업무가 떨어지면 자신감 넘치는 태도로 받아들이는 모습을 보여야 한다. 잘못을 저질렀다고 기가 죽은 표정을 짓거나 어깨를 늘어뜨리고 다니지 않도록 해야 한다. 누구나 실수할 수 있으며 완벽한 사람은 없다. 발전하는 모습을 보이면 된다는 긍정적인 자세로 자신을 학대하지 말자. 스스로를 존중하지 않으면 남들도 나를 존중하지 않는다. 내가 나 자신을 존중하면 결코 왕따당할 일은 생기기 않는다.

만약 왕따의 조짐이 보이면 그때마다 바로 기록으로 남기도록 하자. 누가 언제 어디서 무엇을 어떻게 왜 했는지 육하원칙에 따라 정확하게 기록해 둔다. 나중에 왕따를 주도한 사람과 대질해야 할 상황이 올 수도 있고 법정에서 시비를 가려야 할지도 모른다. 이럴 때 기록으로 남겨둔 것이 결정적인 자료이자 힘이 된다. 기록할 때는 당시 상황뿐 아니라 그로 인해 야기된 불이익이나 불편한 점 등도 빠트리지 않도록 한다. 단순히 기분이 나빴다거나 충격을 받았다는 등 감정적인 측면보다 현실적인 피해 사례를 들자. 악의적인 소문이나 방해로 인해 계약이 성사되지 못했다거나 정해진 기일 내에 정상적으로 업무 처리를 할 수 없었으며 그로 인해 회사가 얼마만큼의 피해를 보게 되었는지 꼼꼼하게 계산해 기록하는 것이다. 이렇게 하면 회사 최고 경영자 입장에서도 당신 편을 안 들 수가 없다.

평소 나를 도와줄 우군을 많이 만들어야 한다. 왕따는 누군가 악의적으로 시키기도 하지만 자초하는 경우도 있다. 남들과 어울리지 못하거나 자신만의 가치관을 고집하면 다른 사람들이 좋아할 리 없다. 열린 마음으로 남의 이야기에 귀기울이고 관심을 가져야 남들도 나의 말에 긍정적으로 반응하고 어려운 순간 내 편이 되는 것이다. 만약 나에 대한 악의적인 소문이 돌고 있다면 이를 귀띔해 줄 누군가가 반드시 있어야 한다. 자신에 관한 나쁜 소문을 회사 사람들 모두가 알고 쑥덕대는데 자신만 모르고 있다면 문제가 아닐 수 없다. 상사가 됐든 동료나 부하직원이 됐든 허물없이 대화를 나눌 사람을 반드시 만들도록 하자.

1. 왕따인지 정당한 비판인지 판단하라

2. 왕따의 조짐이 보이면 단호하게 대응하라

3. 왕따를 주도하는 사람이 사실은 겁쟁이임을 명심하라

4. 상사라도 왕따를 시키려는 의도가 있으면 당당하게 대처하라

5. 평소 강한 인상을 풍겨라

6. 왕따로 인한 피해와 손실 등을 구체적으로 기록하라

7. 평소 내 편을 들어줄 우군을 만들어라

## 악성 고객을 대하는 법

직장 생활을 하다보면 사람 때문에 힘든 경우가 많다. 일 자체가 주는 스트레스보다 사람으로 인해 발생하는 스트레스가 더 많고 견디기 힘들다. 일은 내가 적극적으로 나서서 해결할 수 있지만 사람은 상대적이어서 내 의지만으로 해결하기 어려울 때가 많다. 직장 내의 상사나 동료 못지않게 고객 등 외부 사람으로부터 받는 스트레스도 잘 관리하지 않으면 안 된다. 심한 말을 하거나 무리한 요구를 하는 고객 때문에 입장이 난처해지는 수가 많다. 그렇다고 같이 화를 내거나 무례하게 대했다가는 그것이 부메랑으로 돌아와 치명상을 입힐 수도 있다.

요즘은 고객들의 권리가 존중되는 추세고 인터넷 등을 통해 바로 불만을 제기할 수 있어 자칫하면 고객을 처리하는 데 서툴거나 불성실하다는 평가를 받을 수도 있다.

직장인으로서 할 수 없이 웃는 낯으로 대해야 하지만 속으로는 말할 수 없는 분노나 치욕감을 느낄 때도 있을 것이다. 자신의 내면 상태와 역할 사이에 불균형이 생기면 감정노동을 겪게 된다. 항공기 승무원이나 백화점 직원 등 고객과 직접 상대해야 하는 사람들이 감정노동을 심하게 겪는다. 감정노동으로 인해 정신과 치료를 받아야 할 정도로 심리적 손상이 큰 사람도 있다. 이들은 피해 의식에 빠져들거나 자신에 대한 학대로 이어져 극심한 우울증에 시달리기도 한다. 때문에 평소 고객 응대로 스트레스가 심하다 싶으면 상사나 주위 동료들로부터 도움을 요청하고 운동이나 취미 활동 등을 통해 몸과 마음을 말끔하게 유지하도록 노력해야 한다.

한 명의 고객을 유치하기 위해서는 기존 고객 여섯 명에 해당하는 비용을 들여야 한다는 말이 있다. 그만큼 신규 고객을 확보하는 것은 어렵다. 그런 만큼 기존의 고객을 잘 관리해서 이탈하지 않도록 하는 것이 경영적인 측면에서 훨씬 유리하다. 따라서 고객 관리 업무에 대해 특히 신경을 써야 하고 비용도 많이 들여야 한다.

고객을 응대하기 전에 나 자신에 대한 응대도 잘할 줄 알아야 한다. 아무리 까다롭고 귀찮은 고객을 만나더라도 결코 그로 인해 상처받지 않을 것이며, 화나 짜증을 내지 않고 고객의 목소리에 귀를 기울일 것이며, 고객의 요구를 충족시키기 위해 최선을 다하겠다는 다짐을 해보자. 그런 다음 이런 일을 하는 것은 내 자신이 부족하고 모자라서가 아니라 다만 주어진 업무를 할 뿐이라고 여기자. 프로라는 것은 어떤 상황에서도 흔들림 없이 자신의 일을 멋지게 해내는 것이다. 고객 응대가 어렵고 힘들다고 그것을 비참하게 생각할 게 아니라, 멋지게 해내는 사람이 진정한 프로라는 것을 알아야 한다.

자신의 묘비명에 "우물쭈물하다가 이렇게 될 줄 알았다"라고 적은 영국의 소설가 버나드 쇼는 이런 말을 했다.

"세상에서 가장 어리석은 사람은 자신의 직업을 의무로 생각하고 억지로 하는 자다."

매일 고객을 응대하면서 비참하다고 생각할 바에는 차라리 다른 일을 찾아보는 것이 낫다. 할 수 없이 하는 것이 아니라 스스로 원해서 하는 일이어야 하고, 그 속에서 즐거움과 보람을 찾을 줄도 알아야 한다. 만약 그 일이 너무 힘들어 도저히 못하겠다 싶으면, 언제까지만 하는 걸로 하겠다고 생각하고 이후에 정말 자신에게 잘 어울리는 일을 하겠다는 희망적인 설계를 세워보는 것도 방법이다.

화난 고객을 응대할 때는 고객이 마음껏 화를 내도록 내버려 두자. 고객은 실컷 화를 내는 것만으로도 마음이 반은 풀린다. 화를 내는 이에게 "왜 화를 내고 그러세요?"라고 반문하면 안 된다. 화가 난 고객은 화가 날 만한 이유가 있다고 여겨야 한다. 만약 화를 내지 못하도록 제지하면 더 큰 화를 불러올 것이다.

고객이 화를 낸다고 같이 화를 내면 큰일 난다. 같이 화를 내면 고객은 직원이 자신을 무시한다며 더욱 화를 낼 것이다. 그렇다고 미소를 짓거나 웃어서도 안 된다. 고객의 표정을 살피면서 묵묵히 들어주되 냉정을 잃지 않고 평정심을 유지해야 한다.

흥분하거나 화가 난 고객의 말은 앞뒤가 맞지 않고 횡설수설하기도 한다. 누구나 흥분하면 그렇게 된다. 그렇다고 "진정하시고 말씀을 차근차근 해보세요!"라고 해서는 안 된다. 앞뒤가 맞지 않더라고 끝까지 맞장구를 치며 들어야 한다. 침착한 상태에서 고객의 말에 귀기울이면 무슨 말을 하려는지 알 수 있다.

만약 회사가 잘못한 일이라면 진심으로 사과해야 한다. 회사의 잘못을 인정하고 불편을 끼치게 된 데 대해 충분히 공감한다고 말해야 한다. 사과를 할 때는 진심이 느껴지도록 해야 한다. 회사의 잘못이 아니라 고객의 잘못 때문이라도 알아듣기 쉽게 설명해 준 다음, 불편함을 느낀 점에 대해서 제대로 사과해야 한다. 그리고 고객의 이야기를 다 들은 다음 "아, 그러셨군요" 하고 다시 호응하고 해결책을 제시하는 것이다. 해결책에 대해서도 고객이 동의했는지 분명하게 확인한 다음 후속 조치를 한다. 그렇지 않으면 고객은 또 다시 불만을 제기할 것이다.

1. 고객을 응대하기 전 나 자신을 먼저 잘 응대하라

2. 고객을 응대하는 것은 내가 못나서가 아니라는 점을 잊지 말자

3. 화난 고객은 실컷 화내도록 둬라

4. 앞뒤가 맞지 않는 고객의 말도 끝까지 들어라

5. 고객의 말에 적극적으로 호응하고 공감하라

6. 잘못이 있으면 진심으로 사과하라

7. 회사의 잘못이 아니더라도 고객의 입장에서 공감하라

8. 해결책을 제시하고 고객의 동의를 얻어라

## 언론사 대하는 법

대기업 홍보실에 근무하는 사람과 달리 일반 직장인이 신문이나 방송 등 언론사를 상대하려면 당황스러울 수 있다. 예상치 못한 상황에서 갑자기 언론사로부터 전화가 걸려와 질문을 받으면 난처해질 수밖에 없다. 특히 회사의 중요한 업무나 예민한 문제에 대해 질문을 받을 때는 어떻게 대답해야 할지 고민된다.

언론사로부터 전화나 방문을 받게 되면 당황하지 말자. 언론사 기자들은 협박꾼이나 사기꾼이 아니다. 미리 겁을 먹거나 긴장할 필요는 없다. 우선 친절하게 맞아주는 것이 좋다. 그리고 어느 언론사이며 소속 부서와 이름이 무엇인지 확인한 다음 용건을 물어본다. 대부분의 기자들은 먼저 신분을 밝히고 명함을 건넨다. 만약 전화상이라면 분명하게 기자의 신분과 이름을 확인하도록 한다. 기자의 방문이나 전화상의 용건이 무엇인지 물어본 다음 어떻게 처리하는 것이 좋을지 재빨리 판단한다. 자신이 직접 응대해도 좋은 사안인지 상사에게 보고하는 것이 좋을지 판단하는 것이다. 자신이 설사 잘 알고 있는 내용이라도 회사의 입장과 말이 다르게 나올 수 있으므로 조심해야 한다. 상대가 녹음을 할 수도 있고 분명히 그렇게 말하지 않았느냐 나중에 추궁하면 할 말이 없게 된다.

가장 좋은 방법은 기자의 신분과 연락처, 용건을 확인한 다음 다시 전화를 하겠다고 대답하는 것이다. 그런 다음 상사에게 보고한다. 상사는 그 사안이 회사 전체의 의견을 종합적으로 모으거나 최고 결정권자의 의견을 들어야 하는 것인지, 자신이 직접 처리할 것인지 판단할 것이다.

언론사를 상대할 때 소위 파워 있다는 메이저 매체라고 해서 더 잘 응대하고 마이너라고 해서 함부로 하면 안 된다. 요즘은 인터넷 등을 통해 모든 뉴스들이 실시간 검색되기 때문에 사실상 메이저, 마이너의 개념이 무의미하다. 심지어 1인 미디어도 있다. 개인 블로그나 카페도 무시하지 못하는 세상이다. 때문에 메이저와 마이너라는 개념을 갖지 말고 모든 매체를 신중하게 대하자.

적극적인 홍보를 위해 미디어에 기사를 노출하고 싶을 때, 홍보실이 별도로 없는 회사의 경우 방법을 몰라 실수를 하기도 한다. 홍보와 광고를 구분하지 못하는 회사도 많다. 광고는 돈을 내고 지면이나 시간을 사는 것이고 홍보는 돈을 내지 않고 뉴스로 나가는 것이다. 물론 뉴스 형식의 광고도 있지만 이는 어디까지나 형식의 문제일 뿐 광고는 광고다.

광고를 내겠다면 언론사의 광고 부서를 찾아 문의하면 된다. 광고를 하겠다는데 면박을 주는 언론사는 없다. 언론사는 광고가 주 수입원이고 광고를 많이 붙이기 위해 시청률 경쟁도 하고 재미난 기사를 많이 쓰려고 하는 것이다.

문제는 기사를 통한 홍보다. 뉴스 아이템으로 선정되려면 기사 가치news value가 있어야 한다. 신제품 출시나 사장의 개인적인 역량 같은 것들도 기사가 될 수 있지만 이름 없는 작은 회사에서는 현실적으로 힘들다. 충분히 기사 가치가 있는 소식이라도 뉴스로 나오게 만들기가 쉽지 않다.

기사를 내고 싶으면 먼저 담당 부서와 담당 기자의 신분을 확인하는 것이 순서다. 인터넷이나 신문 방송을 잘 살펴 담당 기자가 누구인지 확인하고 전화 등을 통해 연락을 취하는 것이다. 신문사나 방송사로 직접 전화를 걸어 용건을 말하면 담당 기자가 누구인지 알려주기도 한다. 기자들은 자존심이 세기 때문에 담당이 맞는지 먼저 잘 확인하자. 전화상으로 연결되었다면 용건을 조리 있게 말한다. 기자가 기사로서 가치가 있다고 판단하면 필요한 자료를 이메일 등을 통해 받을 수 있는지, 아니면 직접 만나 인터뷰를 할 것인지 말해 줄 것이다. 그러면 그에 따라 준비를 하고 응대하면 된다.

악의적인 기사로 협박하는 수도 있다. 일부 언론사는 악의적으로 약점을 골라내 기사로 내보내겠으니 광고를 하거나 돈을 내라고 위협하기도 한다. 먼저 악성 기사를 낸 다음 삭제하거나 잘 노출이 되지 않도록 해주는 대신 광고나 협찬을 하라고 하기도 한다. 이럴 경우 순순히 응하게 되면 계속해서 당할 수 있다. 심지어 다른 언론사에서 똑같은 수법으로 접근해서 줄줄이 엮일 수도 있다. 때문에 잘 판단해서 처리하지 않으면 더 큰 손해를 본다. 만약 악의적인 기사가 사실과 다를 경우, 담당 기자와 언론사에 엄중히 항의한다. 내용 증명 등을 통해 사실과 다르다는 점을 분명히 전달하고, 기사 삭제 등의 조치가 없을 경우 언론중재위원회 등에 제소한다는 입장을 전달한다. 언론사의 부당한 기사로 인해 피해를 입는 회사나 개인에 대해 적극적으로 보호조치를 취하도록 하는 추세이므로 당당하다면 언론중재위 제소도 고려할 만하다.

만약 기사가 크게 사실과 다르지 않을 경우, 정정 기사를 내거나 노출을 최소화하되 똑같은 일이 반복되지 않도록 하겠다는 약속을 받아두는 것이 좋다. 언론사 입장에서도 그런 식으로 영업을 한 것이 알려지면 좋지 않기 때문에, 같은 일이 되풀이되면 외부에 공개할 수 있다는 입장을 전달하도록 하자.

**기자를 상대하는 미디어 리액션**

1. 기자의 방문이나 전화에 당황하지 마라

2. 기자도 손님이라고 여기고 친절하게 대하라

3. 기자의 소속과 신분, 용건을 확인한다

4. 자신이 처리할 수 있는 사안인지 판단하라

5. 가능하면 상사에게 보고해 처리하라

6. 기사로 내보내기 위해서는 담당 기자를 확인하라

7. 악성 기사로 협박받으면 언론중재위원회 제소 등 적극적으로 대처하라

06

상대의 리액션을
보면 마음이 읽힌다

Reaction!

# 본심을 보여주는
# 리액션 읽기

"아아 웃고 있어도 눈물이 난다"는 노랫말이 있다. 웃는 얼굴을 하고 있지만 마음은 너무 슬픈 나머지 자신도 모르게 눈물이 흘러내리는 상황을 표현한 것이다. 이와 반대로 우는 시늉을 하지만 왠지 어색한 느낌이 들고 진정으로 슬퍼하지 않는 것처럼 보일 때도 있다. 누구나 이런 상황을 경험해 본 적이 있을 것이다. 사람은 속마음과 겉으로 드러난 언행이 반드시 일치하지 않는다. 또 말과 행동도 꼭 일치하지 않는다. 남의 말을 곧이곧대로 들었다가 낭패를 보기도 한다. 순진한 사람은 남의 말을 너무 잘 믿어 사기를 당하기도 한다.

남의 말에 귀를 기울이고 잘 듣는 것도 중요하지만, 말로는 알 수 없는 상대의 진심을 꿰뚫어 보는 지혜도 필요하다. 얼굴 표정이나 몸짓,

취미나 스타일 등 여러 비언어적인 요소들을 잘 살펴 상대의 본심이나 의도를 제대로 파악해 현명하게 리액션 할 수 있어야 한다.

## / 표정에 담긴 진심

솔직하고 직선적인 성격을 가진 사람일수록 표정을 잘 숨기지 못한다. 카드놀이를 할 때 유리한 카드가 들어오면 얼굴 표정이 금세 환해지고 이 때문에 상대가 그것을 눈치채게 된다. 반대로 어떤 상황에서도 본심을 드러내지 않고 표정 관리를 철저히 하는 사람도 있다. 아무리 좋은 카드가 들어와도 표정 변화가 없다. 이런 사람을 포커페이스라고 한다. 포커페이스를 만나면 상대하기가 힘들어진다. 하지만 제아무리 포커페이스라 해도 잘 살펴보면 미묘한 표정 변화를 읽을 수 있다.

인간은 좌우가 균형을 이루도록 진화해 왔다. 팔다리는 물론 얼굴 안에서도 코의 반쪽씩과 양 눈, 귀 등이 좌우 대칭을 이룬다. 진화론적으로 보면 좌우대칭으로 균형 있게 발달한 사람일수록 유전적으로 더 우량하다고 한다.

얼굴 표정도 마찬가지다. 얼굴에 자연스러운 감정이 드러나면 대개 좌우 균형을 이루게 된다. 기쁘거나 슬플 때, 우울하거나 공포에 떨고 있을 때처럼 자신도 모르게 감정을 드러내는 경우 얼굴의 좌우 근육이 대칭적으로 움직여 자연스러운 표정이 나온다.

반대로 인위적으로 꾸며내거나 타인을 의식해 감정을 드러낼 때는 얼굴의 좌우 균형이 깨진다. 상대를 비웃고 있거나 본심을 속이고 있을 경우, 감추고 싶은 사실이 들켜 당황스러울 때나 음모를 품고 있을 때는 얼굴의 좌우대칭이 어긋나게 된다. 표정이 일그러지는 것은 화가 나거나 기분이 좋지 않다는 것일 뿐 아니라 억지로 감정을 조절 할 때도 나타난다.

얼굴 표정을 가장 크게 좌우하는 것은 역시 눈이다. 눈은 마음의 창이라고 할 만큼 속마음을 가장 정확하게 드러낸다. 눈이 동그래지고 반짝인다는 것은 즐겁고 신난다는 뜻이다. 눈동자는 밝은 곳에서 작아지고 어두운 곳에서는 커진다. 마찬가지로 자신이 흥미를 느끼는 대상을 바라볼 때 동공이 더 커지고 그렇지 않은 경우에는 동공이 작아진다.

차마 눈뜨고 보지 못하겠다는 말이 있다. 너무 끔찍해서 도저히 볼 엄두가 나지 않는다는 뜻이다. 그처럼 싫어하는 대상이 시야에 들어오면 저절로 눈을 감게 되는 것이다. 이성의 누드 사진을 보면 남녀 모두 동공의 크기가 확대된다는 사실이 실험으로 확인되기도 했다. 심지어 남성의 누드를 보게 되자 눈을 가리며 부끄러운 표정을 짓는 여성도 사실은 동공이 커져 있다는 것이다.

그래서 눈동자를 잘 살펴보면 상대의 감정이 어떤지 알 수 있다. 만약 눈을 크게 뜨고 있다면 십중팔구 놀랐거나 화가 났다는 것이고, 눈을 아예 감거나 반쯤 감고 있다면 슬프거나 고통스럽다는 뜻이다. 눈을 평소보다 약간 가늘게 뜬 상태에서 눈동자가 움직이고 있다면 끔찍하게 싫다는 의미이고, 눈초리에 주름이 잡히고 아래 눈꺼풀이 위로 올라가면 기쁘다는 뜻이다. 눈을 맞추지 못하고 쉴 새 없이 깜빡이는 것은 상대로부터 겁을 먹고 있다는 증거다.

눈썹에도 감정이 묻어난다. 눈썹을 가운데로 모으는 것은 기분이 나쁘거나 난처할 때 혹은 상대의 의견에 동의할 수 없을 때 하는 행동이다. 눈썹을 아래위로 움직이는 것은 상대의 의견에 동의하거나 친근함을 표시하는 것이다. 눈썹을 크게 추켜올리면 놀라거나 공포를 느끼고 있다는 증거고, 눈썹을 살짝 가운데로 모으며 추켜올리는 것은 호기심이 일고 있다는 의미다. 이성이 눈을 크게 뜨고 반짝이는 눈동자로 바라본다면 당신에게 매력을 느끼고 있을 가능성이 매우 높다.

'눈이 맞다'는 표현이 있다. 눈으로 마음을 주고받아 결국 통했다는 의미다. 눈을 맞추는 것이 소통을 하는 데 중요하다는 뜻이기도 하다. 커뮤니케이션을 할 때 서로 눈을 마주치는 시간은 말을 하는 시간의 약 3분의 1 정도라고 한다. 3초 정도 말을 하면 1초 정도 눈을 맞춘다는 것이다. 그 이상 눈을 마주친다는 것은 단순한 커뮤니케이션 이상의 호감을 갖고 있을 가능성이 높다.

서로 친한 사이일수록 눈을 마주치는 아이 콘택트eye contact를 많이 한다. 그야말로 꼴도 보기 싫은 사람에게 오래 시선을 둘 사람은 없다. 좋은 사람은 아무리 쳐다봐도 싫증이 나지 않는 법이다. 처음 만나는 사람이라도 자주 시선을 마주치면 신뢰가 더 쌓이고 빨리 친해질 수 있다. 그렇다 하더라도 비즈니스 세계에서 넋을 놓다시피 상대를 바라보는 일이 없도록 해야 한다. 상대가 마음에 들지 않는다고 해서 노골적으로 시선을 피하는 것도 결례다.

대화를 시작할 때 먼저 시선을 맞춰야 한다. 그렇다고 말하는 사람이나 듣는 사람이 서로의 눈을 뚫어져라 바라보면 분위기가 이상해진다. 듣는 사람은 말하는 사람이 얼마나 잘 말하는지, 거짓말을 하는 것은 아닌지 살피는 것처럼 보이고, 말하는 사람은 듣는 사람이 제대로 듣고 있는지, 자신의 말을 의심하고 있는 것은 아닌지 조바심을 내는 듯 보일 수 있다. 가끔씩 시선을 마주치는 대신 맞장구를 치거나 고개를 끄덕이는 것이 훨씬 효과적이고 자연스럽다.

이야기 도중 상대를 바라보며 눈을 마주치려 한다면 그 순간의 말을 강조하고 싶다거나 잘 이해해 주었으면 한다는 메시지를 보내는 것이다. 이럴 때 듣는 쪽은 얼른 시선을 마주치며 고개를 끄덕이거나 맞장구를 쳐주며 호응을 해야 한다. 자신의 이야기가 끝나면 상대에게 눈짓으로 알려 주고 상대는 자연스럽게 대화를 이어받아야 한다. 상대가 눈짓으로 빨리 이야기를 끝내기를 바란다는 신호를 보내는데도 무시하고 마이웨이를 고집하는 일도 없어야 한다.

여성들은 유머 감각이 있는 남자 즉, 자신을 즐겁게 해주는 남자를 좋아한다. 잘 웃기기 위해서는 타이밍과 심리, 상황을 재빨리 파악할 수 있는 능력이 있어야 하는데, 그것은 곧 그 사람에게 생존 능력이 있다는 말과 같다. 때문에 여성들은 유머 감각이 있는 사람이 능력 있는 사람이라 여기고 그런 남성과 미래를 설계하고 싶어 한다. 반대로 남성들은 잘 웃기는 여성보다 잘 웃어주는 여성을 좋아한다.

**표정으로 알 수 있는 속마음**

1. 자연스러운 감정 표현으로 얼굴이 좌우 균형을 이루게 하라

2. 상대가 즐겁고 신나면 눈동자가 커지고 반짝인다는 것을 인식하자

3. 친한 사이일수록 눈을 자주 마주쳐라

4. 대화를 시작할 때 먼저 눈을 마주쳐라

5. 대화 도중 눈빛으로 주도권을 주고받아라

6. 남성은 잘 웃는 여성을, 여성은 잘 웃기는 남성을 좋아한다는 점을 명심하라


## / 말보다 진실한 손짓 발짓

손에 땀을 쥔다는 말이 있다. 긴장하거나 흥분하게 되면 자신도 모르게 손에 땀이 밴다는 말이다. 이처럼 자신의 의도와 상관없이 신체의 특정 부위가 어떤 상황에 반응하기도 한다. 일부러 꾸민 것이 아니라

자연현상으로 나타나기 때문에 마음속에 숨긴 의도나 감정을 가장 정직하게 읽어낼 수 있는 단서가 된다. 그래서 손에도 표정이 있고 감정이 있다고 말한다.

회의나 협상 때 테이블 위에 손을 펼쳐 놓고 있으면 편안하게 상대를 받아들이거나 긴장을 하지 않고 있다는 증거다. 상대에 대한 경계심이나 의심이 전혀 없는 그야말로 무방비, 무장해제의 신호를 보내고 있다는 뜻이다. 만약 진심은 그렇지 않은데 무심코 이런 행동을 하면 오해를 살 수 있으므로 조심해야 한다.

주먹을 쥐거나 주먹쥔 손으로 반대편 손바닥을 탁탁 치면 상대의 뜻에 동의하지 않는 것으로 이해된다. 책상 위에 팔꿈치를 올려놓고 깍지를 끼는 것도 거절의 의미다. 한 손으로 턱을 괴면 따분하다는 뜻이니 얼른 대화의 주도권을 넘겨주든가 화제를 바꾸는 것이 좋다. 팔짱을 낀다는 것은 상대보다 자신이 우월하다는 것을 의미한다. 어깨를 당당하게 편 채 팔짱을 끼고 거기에다 한 손으로 턱까지 괴면 상대를 무시하기까지 한다는 뜻이다. 반대로 웅크린 채 팔짱을 끼면 상대로부터 겁을 먹고 자신을 보호하겠다는 의도다.

손가락을 움켜쥐고 우두둑 소리를 내면 상대를 위협하거나 분노하고 있다는 뜻이므로 조심해야 한다. 손을 가만두지 못하고 머리카락을 쓸어 넘긴다든지 깍지를 끼고 손톱을 물어뜯거나 코나 귀를 만지작거리는 것도 상대를 의심하거나 불안하다는 뜻으로 전해진다. 손가락으로 탁자를 톡톡 치는 것도 마찬가지다. 이야기 도중 소매를 걷어붙이면 적극적으로 상대의 의견에 동의하거나 동참하겠다는 의욕을 과시하는 것으로 보이지만, 지나치면 싸우자고 대드는 것처럼 보일 수 있다. 이럴 때는 표정이나 말투 등과 자연스럽게 조화되지 않으면 오해받을 수 있다.

사람의 다리를 통해서도 심리를 알 수 있다. 손뿐 아니라 발에도 감정이 실리기 때문이다. 다리의 움직임을 잘 살피면 조직의 서열도 확인할 수 있다. 대개 다리를 편안하게 꼬고 앉는 사람일수록 서열이 높다. 또 자신감이 넘치고 당당한 사람일수록 다리를 편안하게 꼬고 앉는다. 반대로 위축되거나 서열이 낮은 사람은 다리를 함부로 꼬거나 움직이지 못한다. 그렇다고 지나치게 다리를 깊게 꼬고 앉으면 상대에 대한 경계심을 드러내는 것으로 이해된다. 꼬고 앉은 다리를 두 손으로 끌어안고 웅크린 자세를 하면 상대를 두려워하거나 바짝 긴장하고 있다는 의미로 해석된다.

협상 테이블이나 회의 자리에서 다리를 자주 바꿔 꼬거나 엉덩이를 들썩이면 참을성이 없는 사람으로 인식된다. 빨리 회의가 끝나거나 상대의 말이 끝났으면 좋겠다는 무언의 항의를 하고 있는 것처럼 보인다. 발끝을 툭툭 차며 소리를 내는 것도 마찬가지다.

다리를 자연스럽게 벌리고 있다는 것은 상대를 받아들인다는 의미다. 하지만 두 다리를 쫙 벌린 채 앞으로 쭉 뻗고 있다면 상대의 이야기에 흥미가 없다는 뜻이다. 대화나 회의 중일 때가 아닌 지하철이나 평상시 사무실에서 그런 행동을 취하면 버릇이 없거나 남을 배려하는 마음이 없는 것으로 간주된다.

다리를 가지런하게 모으고 있으면 여성의 경우 얌전한 느낌을 주지만 남성은 완고하다는 인상을 줄 수 있다. 여성이 무릎을 가지런히 모은 채 발목을 교차하고 있으면 경계하거나 거절한다는 의사로 전달된다.

## 손짓 몸짓으로 속마음을 알아내는 비결

1. 손에도 감정과 표정이 있음을 알자

2. 테이블 위에 손바닥을 펴고 있으면 무장해제 상태다

3. 팔짱을 끼고 있으면 거절하는 것이다

4. 손이 가만히 있지 못하면 긴장하거나 불안하다는 뜻이다

5. 다리를 꼰 모습을 보면 서열을 알 수 있다

6. 다리를 자주 바꿔 꼬면 불안하다는 의미다

7. 다리를 벌리고 앉으면 상대를 받아들인다는 뜻이다

8. 다리를 가지런히 모으고 있으면 완고한 인상을 준다

## 마음은 반드시 표현된다

영국의 동물행동학자 에스몬드 모리스는 사람은 대략 일곱 가지의 신호를 통해 심리 상태를 드러낸다고 했다. 말투나 목소리의 변화, 표정과 제스처, 손의 미묘한 변화, 땀을 흘리는 등 자율신경의 변화, 다리의 움직임, 마지막으로 몸통의 움직임이 그것이다.

몸의 움직임을 통해 심리를 알 수 있는 대표적인 예가 대화를 할 때 몸을 앞으로 내밀거나 반대로 뒤로 젖히는 행동이다. 상대의 이야기에 호감을 가지면 몸을 앞으로 내밀고, 관심이 없거나 흥미를 잃으면 뒤로 젖히게 된다. 한쪽 어깨를 비스듬히 올리고 앉거나 손가락으로 테이블을 두드린다면 상대를 거부하거나 짜증이 났다는 뜻이다. 주머니에 손을 넣는 것은 본심을 감추고 싶다는 의미다. 상대를 믿지 못하거나 경계하고 있다는 뜻인데 자신의 본심이 들키지나 않을까 조바심을 내고 있는 것이다.

부부는 닮는다는 말이 있다. 외모가 서로 비슷해 잘 어울린다는 의미이기도 하지만 행동이나 표정 등이 흡사하기 때문에 풍기는 분위기가 같은 느낌을 준다는 뜻이기도 하다. 실제로 친한 사람들끼리는 무의식적으로 같은 표정이나 행동을 하게 되고 결국 닮았다는 소리를 듣게 된다. 친한 사람끼리는 무의식적으로 서로 닮고 싶은 욕구가 생기는데 이것을 상호동조 행동이라고 한다. 처음 만난 사이인데도 상대의 행동이나 표정을 무심코 따라하게 되는데 이 같은 현상이 일어나는 것은 상대에게 호감을 느끼게 되었다는 뜻이다.

상호동조 행동이 반드시 긍정적인 것만은 아니다. 담배를 많이 피우는 사람과 같이 있다보면 자신도 모르게 담배를 많이 피우게 되고, 술을 마구 마시는 사람과 동석하면 자제심을 잃고 같이 술을 많이 마시게 되는 경우는 바람직하지 못한 상호동조 행동이다.

실험에 따르면 오랫동안 대화를 나눌수록 두 사람의 이야기하는 속도나 음성의 높낮이, 톤이 비슷해졌다. 또 이야기를 하는 동안 한쪽이 상대의 동작을 흉내내면 상대가 호감을 느끼는 것으로 관찰됐다.

처음 만난 탓에 분위기가 어색하다면 상대의 말을 똑같이 반복하거나 행동을 따라해 보면 긍정적인 효과를 얻을 수 있다. 하지만 무턱대고 계속해서 상대의 말과 행동을 흉내내거나 반복하면, 상대가 자신을 놀리고 있다고 생각할 수도 있다. 무슨 일이든 지나치면 안 하는 것만 못하다.

KBS의 대표 코미디 프로인 〈개그콘서트〉에서 한 개그맨이 상대의 입에 마이크를 들이대고 상대가 말하는 동안 아래위로 심하게 고개를 끄덕이는 방송 기자의 모습을 흉내내 사람들을 웃게 한 적이 있다. 실제로 기자들은 상대가 말하는 동안 고개를 많이 끄덕거린다. 그 이유는 방송에 익숙하지 않은 일반인들이 기자가 고개를 끄덕이는 모습을 보면 자신이 실수 없이 잘하고 있다고 믿게 돼 안심하기 때문이다. 이처럼 고개를 끄덕이는 것은 상대의 이야기를 잘 듣고 있을 뿐 아니라 상대의 의견에 찬성하고 지지한다는 의미도 담고 있다. 실제로 실험을 해본 결과, 상대가 이야기하는 동안 고개를 많이 끄덕일수록 이야기하는 시간이 더 늘어났을 뿐 아니라 이야기를 훨씬 더 조리 있게 잘했다. 고개를 끄덕이면서 눈을 맞추고 맞장구를 쳐주면 더 효과적이다.

**몸짓으로 알 수 있는 속마음**

1. 몸을 앞으로 내밀면 관심이 있는 것이다

2. 주머니에 손을 넣으면 본심을 감추는 것이다

3. 친한 사람끼리는 행동도 닮는다

4. 상대의 말과 행동을 따라하면 빨리 친해진다

5. 고개를 끄덕여 주고 맞장구를 쳐주면 상대가 감동한다

## / 거짓말, 이렇게 간파하라

연인 사이에도 거짓말이 난무한다. 아무리 신뢰가 두텁고 죽고 못 사는 사이라 하더라도 거짓말은 하게 돼 있다. 악의적인 거짓말이 아니더라도 상대를 기쁘게 하거나 마음을 아프게 하지 않기 위해 선의의 거짓말을 하기도 한다. 그렇다면 거짓말에 있어서도 남녀 간의 차이가

있을까? 결론은 그렇다.

영화사 20세기 폭스가 2009년에 영국인 2천여 명을 대상으로 설문 조사를 했는데 남자는 하루에 6번, 여자는 하루 3번 정도 거짓말을 하는 것으로 나타났다. 남녀 모두 가장 많이 하는 거짓말은 분명 문제가 있는데도 "아무 일 없어, 난 괜찮아"였다.

그렇다면 거짓말을 알아차리는 방법은 무엇일까? 미국의 생태 심리학자 마르크 살렘은 거짓말하는 사람의 행동은 다르다고 말한다.

그는 거짓말의 첫번째 단서는 하지 않던 짓을 갑자기 하는 것이라고 했다. 평소 조용하고 얌전하게 굴던 사람이 갑자기 활기를 띠면서 말을 마구 하거나, 반대로 에너지가 펄펄 넘치던 사람이 돌연 침묵 모드로 빠져들면 십중팔구 거짓말을 하고 있다는 증거다. 누구나 자신의 말하는 페이스와 호흡이 있는데 갑자기 말하는 속도와 톤이 달라지고 단어를 선택하는 데 있어서도 매우 신중한 모습을 보이면, 수상하게 여겨야 한다.

두번째 거짓말의 증거는 눈 마주침의 변화다. 보통 사람들은 거짓말을 할 때 상대의 눈을 피한다. 눈길을 피한다는 것은 자신감이 없거나 무엇인가를 속이고 있을 가능성이 높기 때문이다. 평소 눈길을 자연스레 주고받는 연인 사이인데도 갑자기 눈길을 마주치지 않고 엉뚱한 곳을 바라보며 이야기하면, 일단 의심해 봐야 한다. 반대로 필요 이상으로 눈동자에 힘을 주면서 당신의 눈을 뚫어져라 들여다볼 때도 마

| (남) | (여) |
|---|---|
| 1. 잘못된 것 없어. 난 괜찮아 | 1. 잘못된 것 없어. 난 괜찮아 |
| 2. 이 잔이 마지막이야 | 2. 새로 산 거 아니야. 원래 있던 거야 |
| 3. 당신 뚱뚱하지 않아 | 3. 안 비싼 거야 |
| 4. 핸드폰 벨이 안 울렸어 | 4. 세일 상품이야 |
| 5. 핸드폰 배터리가 나갔다고 | 5. 지금 가는 중이야 |
| 6. 다른 일 때문에 전화 못 받았다고! | 6. 난 그거 손도 안 댔다니까 |
| 7. 술 많이 안 마셨어 | 7. 술 많이 안 마셨어 |
| 8. 지금 가는 중이야 | 8. 머리 아파 |
| 9. 그거 별로 안 비싼 거야 | 9. 안 버렸는데 어디 갔지? |
| 10. 길이 막혀서 | 10. 다른 일 때문에 전화 못 받았다고! |

찬가지다. 혹시 자신의 거짓말이 탄로나지 않을까 신경을 곤두세우고 당신의 표정을 살피고 있다는 증거다. 평소 그렇지 않은 사람이 눈을 심하게 깜빡이며 말하는 것 역시 의심을 살 만하다.

세번째는 손을 가만두지 못하고 안절부절 못할 때다. 손은 여러 심리 상태를 반영한다. 두 손바닥을 마주 비비거나 손가락을 만지작거

1. 다시 만나 반갑습니다

2. 다른 일 때문에 전화 못 받았습니다

3. 길이 막혀서요

4. 전화 드리겠습니다

5. 곧 전화 드릴게요

6. 지독한 감기에 걸려서

7. 알람이 울리지 않아서요

8. 전화번호를 잘못 적는 바람에

9. 회사 서버가 다운됐습니다

10. 지하철이 늦게 오는 바람에


리는 것은 불안하다는 뜻이다. 손으로 입을 가리거나 코를 자주 만지는 것도 수상쩍은 짓이다. 자신의 귓불을 잡아당기거나 뺨을 쓸어내리는 행동도 거짓말을 하고 있다는 증거가 될 수 있다. 헛기침을 하거나 마른 침을 꿀꺽 삼키는 것도 무엇인가를 속이고 있다는 뜻이다. 어깨를 활짝 펴지 못하고 구부정한 자세로 이야기하는 것 역시 떳떳하지 못한 심리를 나타낸다.

가짜 미소에 속을 수도 있다. 사람의 얼굴에는 엄청나게 많은 근육이 존재한다. 얼굴에 미세한 표정까지 잘 드러나는 것은 작은 근육들이 세밀하게 움직이기 때문이다. 솔직한 사람은 마음 상태가 얼굴 표정에 그대로 묻어난다. 도박을 하다 좋은 패가 들어오면 이를 숨기지 못하고 환한 표정을 짓는 바람에 오히려 상대에게 기회를 빼앗기기도 한다.

순간적으로 미소를 짓는데 뭔가 어색하다 싶으면 거짓말을 하고 있을 가능성이 높다. 눈이 빛나면서 뺨과 눈썹, 입꼬리가 함께 위로 올라가야 진짜 미소다. 가짜 미소는 눈은 웃지 않는데 입술 끝만 살짝 올라갔다 내려오고 만다. 그 순간도 매우 짧다. 진짜 미소는 여운이 남지만 가짜 미소는 순식간에 나타났다 사라진다.

## 거짓말을 알아차리는 재치 리액션

1. 평소 안 하던 짓을 하면 의심하라

2. 눈길을 피하거나 눈을 뚫어져라 쳐다보면 의심하라

3. 코를 만지거나 입을 가리는 등 손이 가만있지 않은지 살펴라

4. 가짜 미소에 조심하라

## / 상대와의 거리가 관계를 말한다

사람은 누구나 자신의 영역을 지키고 싶어 한다. 동물의 세계와 마찬가지로 자신의 영역을 침범당하고 싶어 하지 않는다. 동물과 사람이 다른 점은 동물은 자신의 영역에 경쟁자가 침입하면 바로 싸움을 걸어 쫓아내든지 자신이 쫓겨나든지 둘 중의 하나를 선택한다. 하지만 사람은 사회적인 동물이기 때문에 참고 견딘다. 물론 집이나 화장실 등 개인적인 공간이나 사유 공간에서는 예외다.

지하철에서 흔히 보게 되는 풍경이 있다. 빈 지하철에 사람이 타면 제일 먼저 좌석 양 끝에 먼저 앉고 이어 중간, 그리고 나머지 자리들이 채워진다. 가능하면 타인으로부터 침해받지 않은 자신만의 공간을 확보하고 싶은 욕구 때문이다.

운전을 할 때도 누군가 끼어들면 불같이 화를 내는 사람이 있다. 이역시 자동차를 몰고 가는 동안 자신 앞에 펼쳐진 도로 공간이 자신만의 영역이라고 여기는데, 여기에 누군가가 감자기 침범해 오니까 기분이 나쁜 것이다. 남성이 여성보다 더 심한 편이다.

남성들은 시야를 앞쪽의 먼 곳을 향하는 버릇이 있다. 원시시대 사냥을 나가 먼 곳의 사냥감을 바라보던 습성이 유전돼 내려왔기 때문이라고 한다. 반면 여성들은 채집이나 집안일을 주로 했기 때문에 가까운 곳을 응시하고 한꺼번에 여러 가지 일을 처리하는 능력도 갖추고 있다. 이 때문에 타인으로부터 침해당하지 않고 싶은 자신만의 공간에 대한 개념이 다르다. 남성들은 자신의 앞으로 누군가 끼어드는 것을 몹시 싫어하고 여성들은 옆으로 들어오는 것을 마뜩찮게 여긴다. 침해받지 않고 싶은 자신만의 영역 또한 여성이 남성보다 좁다. 때문에 여성들이 빨리 친해지고 친화력도 높은 편이다.

"가까이 하기엔 너무 먼 당신"이라는 노랫말이 있다. 가깝게 지내고 싶은데 연인의 마음이 너무 멀리 떨어져 있다고 안타까워하는 내용이다. 그런데 흥미로운 것은 심리적인 거리가 실제 공간에서의 거리와 밀접한 관계가 있다는 점이다. 눈에서 멀어지면 마음에서도 멀어진다는 말은 사실이다. 노랫말에서처럼 사랑하는 사람의 마음이 너무 멀리 있다면 먼저 몸과 몸 사이의 거리를 좁히지 못했기 때문이었을 가능성이 높다. 사람과 사람이 가장 친근감을 느끼는 거리는 손을 뻗으면 상대의 몸에 닿을 수 있는 정도라고 한다. 그보다 멀리 떨어져 있으면 심리적으로도 더 멀게 된다는 것이다. 반대로 더 가까울수록 친밀감이 높아진다. 진정으로 사랑하는 사람은 힘껏 껴안고 있으면서도 더 가까워지려고 더욱 더 힘을 줘 껴안는 것이다.

상대를 기쁘게 하려면 처음 만났을 때 얼른 가까이 다가서서 몸과 몸 사이의 거리를 좁혀야 한다. 보고서도 시큰둥한 표정을 짓거나 얼른 다가가지 않고 꾸물거리면 만나는 것이 전혀 기쁘거나 반갑지 않은 것으로 생각하게 될 것이다. 상대를 향해 다가서면서 거리를 좁힐 때 상대도 같이 다가서면 서로 호의를 느끼고 있다고 할수 있다. 하지만 한쪽에서 다가설수록 상대가 뒤로 물러선다면 상대가 겁을 먹고 있거나 싫어하고 있다는 증거다. 그러니 무턱대고 다가설 일이 아니다.

상대와의 거리 못지않게 서로의 위치도 중요하다. 좌석에 앉아야 할 상황이라면 특히 주의해야 한다. 연인처럼 사이가 좋을 경우 별 문제가 되지 않는다. 나란히 앉으면 친밀감을 느낄 수 있어 좋고 마주 보고 앉으면 서로 얼굴을 볼 수 있어 좋다. 멀리 떨어져 있지만 않으면 이래도 좋고 저래도 좋은 게 연인이다. 하지만 비즈니스 세계에서는 이야기가 달라진다. 사사건건 부딪치거나 의견이 맞지 않아 대립하는 사람이 회의 자리에서 서로 마주 앉거나, 친하지도 않은 사람끼리 나란히 앉으면 분위기도 좋지 않고 회의 결과도 나쁠 게 뻔하다.

다른 빈자리가 있는데도 굳이 당신 앞에 앉으려 하는 사람이 있다면 둘 중 하나다. 당신과 대립하는 관계에 있거나 적의를 품고 있어 정면에서 언제든 반박하고 공격하겠다는 뜻이거나, 아니면 당신이 좋아 그냥 앞에 앉고 싶은 것이다. 만약 당신 바로 옆에 앉으려 하면 호감이 있다는 뜻이다. 마주치기 거북한 사람과는 마주 앉지 않는 것이 상책이다. 서로 마주 보고 앉게 되면 쓸데없이 긴장하게 되고 경쟁심이나 반발심이 생길 수 있다. 전쟁 협상이나 국가 사이의 무역 협정 혹은 회사 간의 중요한 업무 협상 테이블 등에서는 서로 마주 보고 앉는다. 이런 자리일수록 서로 탐색하거나 기선을 제압하기 위해 극도로 긴장해야 하는 적대적 분위기가 연출된다. 껄끄러운 사람과 함께 테이블에 앉아야 한다면, 옆자리나 앞자리를 피하고 시선이 마주치지 않는 자리를 고르는 게 좋다. 그렇다고 상대나 다른 사람이 눈치를 챌 정도로 표시를 내면서까지 자리를 고르면, 속 좁은 사람이라고 비웃음을 살 수 있으니 조심해야 한다.

직사각형의 테이블 중 긴 방향으로, 사무실 안쪽 보드가 걸려 있는 벽면을 등진 곳이 대개는 리더의 자리다. 아니면 그 반대편이 될 수도 있다. 직사각형의 양쪽 끝자리를 단독으로 차지하기를 좋아하는 리더들은 적극적이거나 권력지향적인 성향이 있다. 리더가 테이블 끝에 앉고 나머지는 양 옆으로 나란히 도열한 형태로 앉게 되는데 그 자체만으로도 권위적이고 수직적 상하관계를 분명하게 드러낸다.

직사각형의 테이블에서 여럿이 앉을 수 있는 긴 쪽의 중간쯤에 앉기를 좋아하는 리더들도 있다. 이런 사람들은 수평적 인간관계를 중시하고 회의를 민주적으로 이끄는 타입이다. 직사각형보다는 정사각형이나 원형의 테이블을 놓고 미팅하기를 좋아하는 스타일의 리더라면 더 민주적이다. 이런 자리에서는 서열에 개의치 않고 격의 없이 토론하고 의견을 내놓을 수 있어 좋은 결과를 기대할 수 있다.

악수하는 모습도 눈여겨봐야 할 리액션이다. 자신감 넘치는 태도로 악수를 먼저 청하는 사람이라면 대개 적극적이고 긍정적인 성격의 소유자다. 악수하는 자세가 서툴고 어색하면 자신감이 결여돼 있거나 신뢰할 만한 사람이 아니라는 인상을 줄 수 있다. 악수를 할 때도 액션과 리액션의 조화가 필요하다. 악수는 서양식 인사법으로 직위의 높낮이와 관계없이 먼저 손을 내밀어 청할 수 있다. 때문에 서양인들을 만났을 때는 직위 등과 상관없이 먼저 악수를 청해도 문제가 없다. 하지만 영국의 여왕같이 특수한 신분을 가진 사람에게는 함부로 악수를 청하면 결례다. 그러나 보통 사람들은 이런 왕족을 만날 일이 잘 없으므로 걱정하지 않아도 된다.

동양에서의 악수는 조금 다르다. 대개는 윗사람이 먼저 악수를 청하는 것이 예절에 맞다고 여긴다. 한참 어린 사람이 먼저 악수를 청하면 버릇없다는 인상을 줄 수 있다. 물론 나이가 어리더라도 회사 상사라든지 직위가 높으면 먼저 악수를 청해도 상관없다.

반갑다며 너무 손에 힘을 주는 바람에 상대가 비명을 지를 지경이라면 대단히 잘못된 것이다. 친한 사이라 하더라도 통증을 느낄 정도로 세게 잡으면 상대가 모욕감을 느낄 수 있다. 친근감을 표시한다며 악수하는 동안 손가락으로 상대의 손바닥을 긁는 사람도 있다. 이 역시 아랫사람이 결코 해서는 안 될 짓이고 웬만큼 친한 사이라 하더라도 상대를 불쾌하게 할 수 있다. 손에 아예 힘을 주지도 않고 꼿꼿이 편 채 넣었다 빼는 것도 결례다. 그렇게 하는 것이 겸손한 것이라 여기겠지만 잘못된 생각이다. 성의가 없거나 전혀 반갑지 않은 것이라고 생각할 수 있다. 기계적이고 차가운 사람이라는 느낌을 줄 수 있다.

악수를 꺼리는 사람도 있는데 상대의 손이 더럽지 않을까 염려해서 그런 경우가 많다. 금방 손을 씻고 와서 물기가 남아 있는 상태에서 악수를 하거나 땀에 젖은 손으로 악수하는 것도 금물이다. 악수를 대비해서 항상 손을 깨끗이 닦는 습관을 들여야 한다. 손이 너무 차갑지 않도록 온도를 잘 맞추는 것도 중요하다.

악수를 할 때는 시선 처리가 중요하다. 상대의 눈을 들여다보며 미소를 띤 채 하는 것이 좋다. 악수할 때 시선을 피하는 사람은 뭔가를 숨기고 있다는 인상을 줄 수 있다. 그렇다고 너무 눈동자에 힘을 주고 쏘아붙이는 듯 눈을 마주쳐서도 안 된다. 거만하고 무례하다는 인상을 줄 수 있다. 실제로 한때 천하를 호령하던 어느 정치인이 악수를 할 때 상대의 눈을 뚫어져라 바라보던 습관이 있었다. 그 사람과 악수를 나눈 사람들은 돌아서서 다 욕을 했다.

공식석상에서 악수를 할 때는 허리를 굽히거나 머리를 숙이지 않는다. 상을 받거나 할 때 수여자가 악수를 청하는데 이때 바른 자세로 절도 있게 악수하면 된다. 그러나 비공식 자리에서는 아랫사람이 허리를 굽히거나 머리를 숙여 인사를 해도 상관없다. 두 손으로 맞잡는 악수는 상대를 존중해 주거나 정겨움을 표시하는 걸로 인식된다.

적당한 세기로 쥐고 너무 짧지도 길지도 않게 아래위로 세 번 정도 흔들어 주는 악수가 좋다.

상대의 마음을 끌어당기는 거리 계산법

1. 남성의 앞은 되도록 끼어들지 말자

2. 친해지려면 얼른 다가가 거리를 좁혀라

3. 회의를 할 때 껄끄러운 사람과는 마주 앉지 마라

4. 긴 테이블 끝에 단독으로 앉기 좋아하는 사람은 권위적이다

5. 원탁이나 정사각형 테이블을 좋아하는 리더는 민주적이다

6. 악수를 할 때도 요령을 잊지 말자

## / 술버릇으로 보는 됨됨이

결혼 승낙을 받기 위해 여자의 집을 찾아가면 장인이 될 사람이 술을 권하는 수가 있다. 반가운 마음에 함께 술을 마시고 싶어 그럴 수도 있지만 술을 마신 다음 어떤 행동을 하려는지 보려는 뜻도 있다. 술을 마실 때나 취한 다음 어떤 행동을 하는지 보면 그 사람의 됨됨이를 알 수 있다. 술에 취하면 사람의 내면에 숨겨진 본심이나 취향 등이 여과 없

이 드러나기 때문이다. 술버릇이 곧 본성이라 해도 과언이 아니다. 사회생활을 할 때도 마찬가지다. 술자리에서 어떻게 행동하느냐에 따라 성공할 수도 있고 좋은 기회를 놓칠 수도 있다.

술을 마시면 유쾌해지고 말이 많아지는 스타일이 있다. 이런 사람들은 평소 스트레스를 술자리에서 자연스럽게 풀어내는 건강한 성격의 소유자다. 술자리를 즐기면서 남들에게 폐를 끼치지 않고 즐겁게 해준다. 술주정을 하지도 않고 귀찮게 굴지도 않는다. 이런 타입은 정신적으로 균형 감각이 있고 건전하기 때문에 평소에도 남과 잘 어울리고 자신의 맡은 업무를 잘 처리한다.

술만 마시면 극도로 침울해지면서 입을 다물어버리는 사람도 있다. 이런 사람들은 정신적으로 불안한 상태다. 평소 술자리와 달리 일시적으로 그렇다면 좋지 않은 일이나 걱정거리가 생긴 탓이라 할 수 있다. 하지만 술만 마셨다 하면 표정이 어두워지고 말수가 적어진다면 문제다. 평소 허세를 부리거나 자신감이 넘치는 것처럼 행동하는 것과 달리 내면에는 열등감과 불안감이 잔뜩 웅크리고 있을 가능성이 높다. 이런 사람들과 술을 마실 때는 내면을 건드리는 자극적인 말을 하지 않도록 조심하는 것이 좋다.

술을 마시고 노래 부르기를 좋아하는 사람은 사교적인 성격의 소유자다. 노래방에 가서도 먼저 노래를 부르며 분위기를 띄우는 사람은 매사 적극적인 태도로 임한다. 분위기가 가라앉지 않도록 세심하게 살피고 같이 간 사람들이 골고루 노래할 수 있도록 배려하는 사람이라면 더할 나위 없다. 하지만 자기 기분에 취해 마이크를 독점하는 사람은 평소에도 남들을 배려하는 마음이 부족하거나 군림하기를 좋아하는 권위적인 성향이다. 세대 차이에 굴복하지 않고 최신 유행가를 배워 부르는 사람은 진취적이고 도전적인 성격을 가졌다고 보면 틀림없다.

술만 마시면 훌쩍거리고 우는 사람은 외로운 사람이다. 부부 간에 화목하지 못하거나 성적으로 문제가 있을 가능성이 높다. 어린 시절 겪은 정신적 고통을 떨치지 못해 눈물을 흘릴 수도 있다.

술만 취했다 하면 아무한테나 시비를 거는 고약한 사람도 있다. 평소에는 얌전한 사람이 술이 들어갔다 하면 눈빛이 사납게 변하고 시비를 걸며 싸움을 일으키는 바람에 동석한 사람들이 난처해지기 십상이다. 평소 억압돼 있던 감정이 폭발하는 것인데, 이런 사람은 평소 스트레스 관리를 잘하고 종교 생활 등을 통해 분노를 다스리는 훈련을 하도록 해야 한다.

술자리에서 한곳에 가만히 있지 못하고 여기저기 마구 돌아다니는 사람도 있다. 이런 사람은 적극적이고 사교적인 성격을 지녔을 가능성이 높다. 이 사람 저 사람과 건배를 하거나 재미있는 이야기를 주고받으며 자신의 존재를 과시하고 싶은 것이다. 하지만 처음 앉은 자리에서 얼마 있지 않고 자리를 떠나 돌아오지 않으면, 앞에 앉은 사람이 자신이 싫어서 그런가 보다 하고 서운해 하거나 섭섭해 할 수도 있다.

자리를 떠날 때는 먼저 양해를 구하는 것이 좋다.

성적인 이야기만 하거나 성적인 행동을 하는 위험한 사람도 있다. 남자들끼리 있을 때는 크게 문제가 되지 않을 수 있다. 하지만 여성이 있는 자리라면 조심해야 한다. 자리 구분을 하지 못하고 성적인 이야기만 잔뜩 늘어놓다 망신을 당할 테니 말이다. 옆자리의 여성에게 음담패설을 하거나 신체 접촉을 하는 사람도 있다. 이런 사람들은 과도한 성적 욕망에 사로잡혀 있거나 반대로 성적인 열등감을 안고 있거나 욕구 불만 상태일 가능성이 높다.

자신의 이야기만 늘어놓는 사람도 있다. 술만 들어갔다 하면 남의 이야기는 들은 체도 하지 않고 자신의 이야기만 계속 해대는 자기중심적인 사람이다. 평소에도 남들에 대한 배려심이 부족하고 매사 자기를 중심으로 판단하고 행동한다. 과거 자신이 얼마나 잘나갔고 멋졌는지를 반복해서 말하는 사람은 현재 자신의 상황에 만족하지 못하고 있을 가능성이 높다.

담배를 피우는 사람들도 설 자리가 줄어드는 추세다. 그런데도 술자리에서 아무렇지도 않게 담배를 무는 사람이 있다. 이런 사람은 남에 대한 배려가 부족하고 자기중심적인 성격을 갖고 있다. 그나마 담배 연기를 아래쪽으로 얌전하게 내뱉으면 좀 낫지만, 다른 사람 얼굴에 대놓고 연기를 뿜어대는 사람은 기본이 안 된 사람이라고 봐도 된다. 담뱃재를 쉴 새 없이 털어대는 사람은 성격이 급한 편이고, 재가 저절로 떨어질 때까지 털어내지 않는 사람은 게으르고 치밀하지 못한 사람이다. 꽁초 끝을 톡톡 털어 재를 떨어내면 무난한 편이지만, 불이 붙은 끝을 톡 털어 내거나 담배를 둘로 뚝 잘라 끄면 성질이 급하고 경박한 타입이다.

**술버릇으로 알 수 있는 속마음**

1. 술을 마시고 유쾌해지는 사람은 정서적으로 안정돼 있다

2. 술을 마시고 잘 우는 사람은 외롭다

3. 술을 마시고 싸우는 사람은 평소 스트레스가 많다

4. 술자리에서 마구 돌아다니는 사람은 자기 과시욕이 크다

5. 술자리에서 성적인 이야기만 하는 사람은 욕구불만이거나 성적인 열등감에 빠져 있을 가능성이 크다

6. 술자리에서 담배를 피워대는 사람은 배려심이 부족하다

## / 패션이 곧 인격이다

옷차림에서도 사람의 인격이 묻어난다. 비싸고 화려한 옷을 입었지만 왠지 경박한 느낌을 주는 사람이 있는가 하면, 수수하고 소박한 옷차림을 하고 있는데도 품격이 느껴지는 사람이 있다. 언뜻 보

면 대충 아무렇게 입은 것 같지만 찬찬히 들여다보면 나름대로 세심하게 신경을 쓴 차림도 있다. 그래서 옷차림만으로도 인격을 짐작할 수 있다.

젊은이들은 유행에 민감하다. 유행을 즐기는 수준이 아니라 혹시 유행에 뒤처지지는 않을까 노심초사하는 사람들도 있다. 모든 분야가 다 그렇지만 패션에서도 항상 유행을 앞서가는 패션 리더들이 있고 그다음에 얼른 뒤쫓아 가는 부류가 있다. 유행과 상관없이 자신만의 스타일을 고집하는 이들도 있다. 대개 첨단 패션 리더들과 유행에 무관심한 사람들이 소수를 차지하고 대다수는 유행을 쫓아간다.

유행을 쫓아가는 것은 남들과 다르고 싶다는 욕구와 함께 남들보다 뒤처지면 어떻게 하나 하는 불안 때문이다. 유행에 뒤처지는 것이 시대 흐름을 읽지 못하고 경쟁에서 뒤지는 것으로 생각하기 때문에 유행을 놓치면 불안해지는 것이다. 특히 우리나라는 옛날부터 남들보다 튀는 것을 좋아하지 않았다. 계급에 따라 옷차림도 달랐고 나름의 룰이 있었다. 거기에 순응하지 않고 색다른 옷을 입으면 예의에 어긋나는 것으로 간주되었고, 특히 상민 계급이 양반의 옷을 입는다는 것은 상상할 수 없었다. 때문에 자신에게 주어진 형편에 맞게 같은 처지의 사람들과 똑같은 옷차림을 할 수밖에 없었다.

이런 의식은 아직까지 남아 있다. 그래서 매스 게임을 하는 사람들이 일률적으로 똑같은 옷을 입는 것처럼 일시에 너도 나도 똑같은 옷차림을 하고 돌아다니기도 한다. 외국 사람들이 보면 이상하다 싶을 정도로 똑같은 복장이지만 정작 본인들은 그것이 오히려 마음 편하다며 안도감을 느낀다. 청소년의 경우 또래 집단과의 동조 현상이 심하다. 언행과 복장 등 또래와 같은 스타일을 하지 않으면 혼자 외톨이가 되는 것처럼 불편해진다. 한때 중고등학생 사이에서 아웃도어 브랜드인 '노스페이스'의 점퍼를 입지 않으면 큰일이라도 날 것처럼 크게 유행한 적이 있다. 교복이라도 되는 듯 너나 할 것 없이 노스페이스를 입는 바람에 마치 펭귄 떼들이 우글거리는 것처럼 보였다. 심지어 노스페이스를 살 돈을 마련하기 위해 나쁜 짓까지 저지르는 아이들이 생길 정도였다.

어른이 되어서도 유행을 쫓지 않으면 불안해 하는 것은 청소년 시절의 감정 상태에서 벗어나지 못했기 때문이다. 나하고 똑같은 차림을 한 사람들을 만나면 기분이 좋지 않아야 정상이다. 그런데 나하고 똑같은 차림을 한 사람들을 보고 안도감을 느낀다면 정상이 아니다.

연인 같은 친한 사이라면 이야기가 조금 달라진다. 호감을 갖고 있거나 사이가 좋은 관계에서 서로 닮고 싶은 욕구가 생기게 마련이다. 화려한 스타일은 화려한 스타일끼리 수수한 타입은 수수한 타입끼리 잘 어울리고 금방 친해지는 경향이 있다. 처음에는 스타일이 서로 달랐지만 시간이 흐르면서 어느 한쪽의 스타일로 변하기도 한다. 옷차림이 비슷해지면 심리적으로도 일체감을 느끼게 된다. 만약 어느 한쪽의 스타일로 변했다면 그 사람이 그 관계에서 주도권을 쥐고 있을 가능성이 높다. 좋아하는 사람과 닮고 싶다는 욕구가 패션으로 증명되는 것이다. 두 사람이 서로 호감을 갖고 좋아하는데도 패션 스타일이 서로 비슷해지기는커녕 각자의 스타일을 고집하는 사람들도 있다. 이런 사람들은 자신의 세계가 침범당하지 않는 대신 상대의 세계에도 간섭하지 않겠다는 자기 주관이 뚜렷한 사람들이다.

유행에 민감한 사람은 체제 순응형이고, 사람을 만날 때마다 패션 스타일이 달라지는 사람은 정서가 불안하거나 현실 도피 경향이 있을 가능성이 있다. 유행과는 완전히 담을 쌓고 사는 사람은 개성이 뚜렷하고 자기 정체성이 강하지만 타인과 협력하지 않으려는 외골수 성향이 있을 수 있다.

**패션으로 알 수 있는 속마음**

1. 유행에 지나치게 민감하면 체제 순응형이다

2. 유행에 둔감하면 자기주장이 강하고 고집이 세다

3. 친한 사람끼리는 패션 스타일도 닮는다

# / 소품 사용이 성격을 보여준다

## 신발

신발은 패션의 시작이자 끝이라 했다. 옷차림은 근사한데 신발은 볼품 없이 아무렇게나 하고 다니는 사람이 있다. 이런 사람은 허세만 부릴 줄 알지 정작 중요한 것이 무엇인지 모르는, 실속 없는 사람이라는 소리를 듣게 된다. 잘 보이지 않는다고 함부로 취급했다가는 이미지에 치명상을 입을 수 있다. 옷은 신경을 쓰지만 오래된 신발을 신고 다니는 사람이 있다. 물론 정갈하게 손질을 잘하고 다니면 괜찮지만 한눈에 봐도 너덜너덜한 느낌을 주면 문제. 남들의 시선을 의식하지 않는 소탈한 성격이라는 소리를 듣는 대신, 매사 대충 해치우고 자기 편한 대로 산다는 소리를 듣기 십상이다.

끈이 달린 신발을 좋아하는 타입은 성격이 꼼꼼하고 남들에게 폐를 잘 끼치지 않는다. 신발을 신고 벗을 때마다 끈을 풀고 묶으려면 여간 귀찮은 게 아니다. 그럼에도 그 수고를 마다하지 않는 것은 끈으로 묶으면 신발이 흐트러짐 없이 단정한 느낌을 주기 때문이다. 이런 사람은 십중팔구 평소 회사에서 일을 할 때도 치밀하게 계획을 세우고 착실하게 실행해 나가는 성실파다.

지퍼가 달린 신발은 간편하게 잠그고 열기만 하면 돼서 편리하다. 이런 사람은 성격이 급하고 직선적인 편이다. 꼼꼼하게 계획을 세우는 대신 대충 감으로 일하고 실행이 잘되지 않더라도 크게 신경쓰지 않는 낙천적인 성격의 소유자다.

구두를 정갈하게 손질하고 다니는 사람은 작은 일에도 신경을 쓰고 실수를 좀처럼 하지 않는다. 비용이 조금 더 들어가는 한이 있어도 마음에 드는 구두를 고르고, 전체 옷차림과 잘 어울리는 신발을 신기 위해 비용을 아끼지 않는다. 그런 만큼 일을 할 때도 과감하게 투자할 것과 그렇지 않은 것을 구분하며 일단 일이 시작되면 의지를 갖고 추진한다.

## 넥타이

넥타이는 남성의 스타일을 좌우하는 중요한 소품 중 하나다. 남성의 이미지를 결정짓는 아이템 중 넥타이만큼 개성이 잘 드러나는 것도 드물다. 소재와 무늬도 천차만별이고 때와 장소에 따라 잘 선택하지 않으면 감각이 둔하거나 예의가 없다는 소리를 들을 수도 있다. 19세기 프랑스의 드브래 박사는 〈의복의 위생학〉이라는 책에서 "사교계에서 나물랄 데 없이 잘 매진 넥타이는 가장 중요한 옷차림에 속한다. 매듭이 단순한 것이든 복잡한 것이든 끝자락이 없는 것이든, 길게 펄럭거리는 것이든 잘 매고 못 맨 맵시는 드러나게 마련이다. 그리고 이 맵시란, 거울 앞에 서서 아무리 오랫동안 작업한 결과라 할지라도 다른 사람들의 눈에 성의 없이 맨 매듭처럼 보인다면, 모든 노력을 결국 아무 소용없게 만들어버린다"고 했다.

넥타이는 아주 오랜 시간 동안 남성들의 개성과 취향을 드러내는 패션 아이템이었다. 넥타이의 스타일 뿐 아니라 그것을 어떻게 매느냐에 따라 성격이 판가름 난다. 아무리 그럴듯한 넥타이를 맺고 있어도 왠지 성의가 없어 보이면 안 한 것만 못하다.

항상 반듯하게 넥타이를 매는 사람은 성실한 체제 순응형일 가능성이 높다. 하지만 쉬는 날이나 외출을 할 때도 정장 차림에 넥타이를 고집하는 사람이라면 회사 일로 늘 마음이 불안한 상태다. 넥타이를 풀면 회사에서 밀려난 것처럼 심리적 압박을 받기 때문에 회사 밖에서도 항상 넥타이를 매고 있어야 안심이 되는 것이다.

반대로 자주 넥타이를 푸는 사람은 참을성이 부족하고 자유로운 기분을 만끽하고 싶은 유형이다. 넥타이를 매지 않더라도 업무 능력이 출중하기 때문에 상사가 나무라지 않는다면 별 문제가 없다. 하지만 실력도 별 볼일 없으면서 혼자서만 넥타이를 매지 않으면 상사에게 반항하는 것처럼 보일 수 있다.

넥타이 스타일 중 비스듬한 줄무늬가 새겨진 것이 가장 무난하다. 원래 넥타이는 원단의 결을 따라 45도 각도로 비스듬히 따라 내려가도록 만들어졌다. 무늬 역시 원단의 결을 따라 비슷한 각도로 흘러내리면 무난한 것이다. 이런 스타일은 평범하지만 안정된 느낌을 준다. 이런 넥타이를 선호하는 사람은 조직의 융화를 중요시하고 예의를 지키려 노력한다. 그러나 지나치게 안정적인 것을 추구하기 때문에 모험심이 부족할 수 있다.

넥타이는 메시지를 전달하는 효과도 있다. 움베르토 에코는 〈의상 심리학〉이라는 책에서 이렇게 말했다.

"어느 날 느닷없이 화려한 넥타이로 바뀐다면 이것은 어떤 의사를 표현하기 위한 것이다. 이사회 회의에 넥타이를 매지 않고 참석한다는 것 역시 어떤 의미를 말없이 전달하려는 행위다."

크고 화려한 무늬의 넥타이를 좋아하는 사람은 두뇌 회전이 빠르고 재치가 넘치는 성격이다. 하지만 참을성이 부족하고 한 가지 일을 진득하게 하지 못한다. 단조로운 일은 질색이다. 창의적이고 개성이 넘치는 일을 하는 직업을 선택하는 것이 좋다.

유명 브랜드만을 고집하는 사람은 허세 부리기를 좋아하고 존재감을 드러내고 싶어 한다. 하지만 마음속에 열등감을 감추고 있을 가능성도 높다. 유명 브랜드 로고가 크게 새겨져 있는 넥타이를 과시해서 열등감을 감추려는 것이다. 그러나 자신의 스타일에 잘 맞게 고른 유명 브랜드 넥타이라면 세련된 사람이라는 인상을 줄 수 있다.

아내가 골라준 넥타이만 매고 다니는 남자는 쥐어 사는 경우가 많다. 자신의 취향이나 기분과 상관없이 아내가 골라주는 대로 아무 생각 없이 넥타이를 매고 다닌다. 자신의 주장을 내세우지 않는 스타일이어서 다른 사람들이 편하게 생각한다. 하지만 줏대 없다는 소리를 들을 수도 있다.

만화 캐릭터나 우스꽝스러운 무늬가 그려진 넥타이를 매면 동심을 잃지 않고 사는 순수한 사람이거나 청소년 티를 벗어나지 못한 유치한 사람이라는 소리를 들을 가능성이 크다. 아동용 문구나 장난감, 게임 등과 관련된 직업이면 몰라도 평범한 직장인에게는 잘 어울리지 않는다.

## 가방

가방은 여성들의 개성과 취향을 이해할 수 있는 패션 아이템이다.

작은 핸드백을 들기 좋아한다면 남들로부터 존경받고 싶은 욕구가 강한 타입이다. 여성스러움을 최대한 강조하면서 남성들로부터 주목받고 여성들로부터는 부러움을 사고 싶은 것이다. 이런 타입은 유행에도 민감한 편이라 남의 시선을 비교적 많이 의식한다. 자신뿐 아니라 파트너의 스타일에도 신경을 많이 쓰는 편이다.

유명 브랜드 제품이라면 뭐든지 오케이인 사람은 허영심이 많다고 해야 할 것이다. 남녀를 불문하고 마찬가지다. 가방의 경우 유명 브랜드 제품에 대해서는 여성의 선호가 매우 강한 편이고 집착도 많은 편이다. 소위 명품 브랜드를 가짐으로써 남들보다 우월하다는 느낌을 갖고 싶은 것이다. 하지만 유명 브랜드 제품을 고집하더라도 특정 브랜드의 장점에 끌려 그것만 고집하는 경우 허영심과는 조금 다른 심리가 작용한다. 스타일이 아주 독특하다든지 튼튼하게 만들어져 내구성이 좋다든지 자신이 좋아하는 점이 분명하면 나름의 소비 철학을 갖고 있다는 뜻이다. 이런 여성은 남성을 고를 때도 상대의 장점을 인정하고 존중한다. 일단 한 남성을 선택하고 나면 이 남자 저 남자 한눈을 팔지 않는다.

배낭을 즐겨 메는 여성은 젊고 활기찬 삶을 추구하는 경향이 있다. 나이에 제한받지 않고 현실적이고 실용적인 면을 우선시하며 가능하면 긍정적인 방향으로 생각하려는 타입이다. 어깨에 메는 큰 숄더백을 좋아하는 여성들 역시 시원시원하고 활동적인 성격을 가지고 있을 가능성이 높다. 일을 할 때도 적극적으로 앞장서 해결하는 스타일로 남들한테 의존하거나 미루지 않는다. 연애를 할 때도 자신이 주도적으로 이끌어 나가되 남자를 무시하거나 귀찮게 하지도 않는다.

**패션 소품으로 알 수 있는 속마음**

1. 잘 손질된 신발을 신는 사람은 자기 관리가 철저하다

2. 너덜너덜한 신발을 신는 사람은 자기만 편하면 그만이다

3. 끈 달린 신발을 좋아하면 성격이 꼼꼼하다

4. 지퍼 달린 구두를 좋아하면 성격이 급하다

5. 쉬는 날 외출할 때도 넥타이를 매는 사람은 융통성이 없다

6. 크고 화려한 넥타이를 좋아하는 사람은 창의적이고 개성이 강하다

7. 유명 브랜드 넥타이만을 고집하는 사람은 허세가 심하다

8. 배낭을 즐겨 메는 여성은 현실적이고 적극적이다

## 07

눈치 백단,
리액션의 고수들

Reaction!

# 실존 인물에게
# 리액션을 배우다

## / 개그맨에게 배운다

### 유재석, 겸손하고 착한 리액션

최근 몇 년간 최고의 유머 감각으로 버라이어티쇼를 장악하고 있는 인물은 유재석 씨다. 그가 대한민국 최고의 엔터테이너로 성공할 수 있었던 것은 배려와 양보를 할 줄 아는 착한 심성 때문이다. 유재석 씨가 진행하는 프로그램을 보면 상대를 아주 편안하게 하는 재주가 있음을 알 수 있다. 어떤 상황에서도 상대의 약점이나 잘못을 지적하고 그것을 웃음거리로 만들지 않는다. 장점이나 잘한 부분에 대해 칭찬하고 추켜세우고 맞장구를 쳐 웃음을 만들어낸다.

상대의 약점이나 잘못을 매섭게 파고들어 시니컬하게 비꼬아 웃음을 주는 사람도 있다. 하지만 유재석 씨는 반대다. 누군가 실수를 하면 그가 무안하거나 창피하지 않도록 배려하면서 보는 사람들에게 웃음을 안겨주는 묘한 재주가 있다. 상대의 액션을 긍정적인 리액션으로 대응해서 상황을 반전시키는 것이다.

그는 혼자 잘났다고 나서지 않는다. 혼자 튀기보다는 전체의 조화를 먼저 생각하고 함께 주목받도록 만든다. 팀워크를 중요시하며 배려심과 협동심의 리액션을 하려고 노력한다. 오랫동안 고정으로 출연하면서 구성원들과 함께 주어진 목표를 위해 노력하는 〈무한도전〉이라는 프로그램이 있다. 거기에서도 그는 항상 동료들의 수고를 덜어주기 위해 애쓰고 자신을 희생하면서 전체를 먼저 생각하고 이끌어나간다. 한마디로 착한 리액션의 달인이다.

유재석 씨는 실제 생활에서도 겸손하고 착한 이미지로 좋은 평판을 받는 것으로 알려져 있다. 항상 웃는 낯으로 반갑게 맞아주고 남의 어려움을 먼저 헤아려 살핀다. 연예인이자 자연인으로서도 착한 심성을 보여주는 사람이다.

## 이경규, 영리하고 노련한 리액션

이경규 씨의 리액션 감각도 탁월하다. 유재석 씨가 배려하고 협력하는 리액션이라면 이 씨는 적극적인 개입형이다. 거의 모든 프로그램에서 큰형님 역할을 해낸다. 오랜 동안 쌓아온 경험과 노하우가 자연스럽게 녹아나온다. 혼자 막 튀어나갈 듯하면서도 결코 도를 넘지 않는다. 자동차의 페달을 세차게 밟아 급가속하는가 싶다가 어느 순간 브레이크를 밟아 살포시 멈춰 서는 것처럼 자연스럽고 부드럽다. 얄미울 정도로 노련하다. 꼬리 아홉 달린 여우의 경지다.

이경규 씨는 자신의 캐릭터를 충분히 살리면서도 전체의 흐름을 주도하는 리더십이 돋보인다. 그렇다고 아무 때고 나서서 이래라저래라 하지 않는다. 구성원들의 말과 행동을 예리하고 관찰하고 있다가 어느 순간 거침없이 치고 나와 한 방 먹인다. 타이밍을 기막히게 잡을 줄 알고 어떤 상황에서 어느 톤으로 대응해야 하는지 알고 있다. 노련하고 영리한 리액션이다.

이처럼 타고난 끼와 재능이 튼실하게 뒷받침돼 있는 사람인데도 쉼 없이 자신의 캐릭터를 만들기 위해 노력하는 과정은 놀랍다. 데뷔 초창기에는 눈동자 굴리기 등 까불거리는 캐릭터로 인기를 모았고, 이후 〈몰래 카메라〉 등 아이디어가 돋보이는 코너를 이끌며 짓궂고 장난기 가득한 모습으로 눈길을 사로잡았다. 각종 연예 프로그램 진행자로 나서 특유의 입담과 순발력으로 과시하기도 했다. 〈남자의 자격〉이라는 프로그램에서는 그 또래 세대가 감당하기 어려운 과제나 목표를 설정, 묵묵히 달성해 가면서 동시대 중년들로부터 공감을 불러 일으켰다. 식스팩 몸매를 만들기 위해 다이어트를 하고 헬스클럽에서 땀을 흘리는 모습이 그저 웃음을 주는 차원이 아닌, 공감을 얻어내고 그것을 통해 감동과 희망의 메시지를 던져주기도 했다.

젊은 시절의 날렵하고 가벼운 웃음에서 인생의 깊은 맛을 느끼게 해주는 성숙한 이미지로 다가서고 있는 것이다. 연예 시상식에 빠지지 않고 그의 이름이 오르내리고 실제로 큰 상을 많이 타면서 오랜 시간 전성기를 구가하고 있는 것은 끊임없는 노력 덕분이다.

## 박명수, 계산된 엉뚱한 리액션

'호통대감'이라는 별명을 가진 박명수 씨의 유머 감각도 유별나다. 느닷없이 엉뚱한 소리를 하는 통에 사람들이 웃지 않을 수 없게 하는데 이것은 철저하게 계산된 전략이다. 머리가 나빠서 엉뚱한 소리를 하는 것이 아니라 웃음을 주기 위해 하는 것이다. 사람들도 그 사실을 잘 알고 있다. 어리벙벙해 보이면서도 친근한 모습에 오히려 웃음보가 터지고 만다.

사실 모든 코미디에서 전개되는 상황은 사전에 철저히 계산된 것들이다. 영화의 한 장면을 정교하고 세밀하게 짜듯 코미디도 마찬가지다. 예전에 온몸을 던져 넘어지고 자빠지며 엄청난 인기를 모았던 코미디언 서영춘 씨의 경우도 그랬다. 시청자들이 보기에 아무렇게 넘어지고 대충 자빠지는 것 같았지만, 사실 몇 발자국 걸어가서 어디서 어떻게 넘어지고 쓰러질 것인지 철저하게 계산했다고 한다. 심형래 씨의 경우도 마찬가지다.

정해진 대본대로 움직이는 것이 아닌 버라이어티쇼의 경우 출연자들이 더 애를 먹는다. 물론 큰 틀이 정해지고 무엇을 보여줄지 사전에 정하지만, 순간적으로 벌어지는 상황에 따라 순발력 있게 대처하지 못하면 바로 바보가 되고 만다. 버라이어티쇼에서 돋보이는 사람이야말로 진정한 엔터테이너라는 말은 과장이 아니다. 그런 면에서 박명수 씨는 버라이어티쇼에서조차 무엇을 보여줄 것인지 미리 계산하고 나오는 것으로 보인다. 아무런 준비 없이 닥치는 대로 하는 것이 아니라, 대강의 상황을 예상하고 그에 따라 어떻게 리액션을 할지 계산하고 나름의 작전을 마련하는 것이다.

개인기 하나 정도는 보여줘야지, 하는 차원이 아니라 주어진 상황에서 누구에게 어떤 행동과 말을 해야 할지 너무나 잘 알고 있는 것이다. 그러면서도 생각 없는 듯 한마디 하는 능청스러움이 바로 박명수 씨의 매력이다. 그의 유머 본능을 보여주는 일화가 하나 있다.

박명수 씨가 심한 간염으로 병원에 입원하게 됐다. 동료 개그맨 정형돈 씨가 병문안을 가보니 과연 곧 죽을 듯이 병색이 완연했다. 너무 걱정이 되고 슬펐다. 병문안을 마치고 돌아가려 하는데 박 씨가 불렀다. 가까이 다가가니 귀에 대고 이렇게 말했다.

"네가 제일 비싼 음료수 사 왔어!"

정형돈 씨는 박 씨야말로 개그 본능, 유머의 힘을 아는 진정한 프로라며 감탄했다고 한다.

## 강호동, 주체 못할 에너지 리액션

천하장사 씨름선수 출신인 강호동 씨는 엄청난 에너지의 소유자다. 무슨 소리인지 알아들을 수 없을 것 같은 심한 사투리를 구사하는데 그 에너지가 무대를 압도하고도 남는다. 덩치도 큰 데다 목소리가 쩌렁쩌렁해 보는 사람을 꼼짝 못하게 한다. 그는 자기 주도형이다. 자신이 주인공이라는 느낌으로 프로를 이끌어나간다. 상대를 무시하거나 깔아뭉개지 않지만 주인공은 항상 자신이라는 듯 당당하게 치고나간다.

강호동 씨가 씨름선수로 활약하던 고교 시절, 같은 학교 선배인 이만기 씨를 맞아 싸울 때도 전혀 주눅들지 않았다고 한다. 오히려 상대를 무시하고 약올리는 것처럼 보이는 제스처로 선배의 심기를 불편하게 만들었다. 그만큼 어떤 상황에서도 주도권을 내주지 않으려는 배포와 자신감을 유지한다. 그가 보수적인 씨름판을 뛰쳐나와 연예계로 입성할 수 있었던 것은 엔터테이너로서의 타고난 끼 못지않게 넘치는 자신감 덕이었는지 모른다. 자신이 서야 할 무대가 모래판이든 연예계든 하고 싶은 대로 할 것이며 또 할 수 있다는 자신감이 충만했던 것이다.

코미디 프로그램에서 순박하지만 약간 덜떨어진 '호동이' 캐릭터로 나섰을 때, 사람들은 "천하장사가 왜 저러지?" 하고 의아해 하기도 했다. 운동선수 중에서도 특히 씨름선수들은 과묵하고 심각한 표정을 짓고 있는데다 점잖게 행동했던 것을 감안하면, 그의 변신은 파격이고 충격적이기까지 했다. 하지만 사람들은 점차 재미있다며 자연스럽게 받아들였다. 이후 그는 각종 연예 프로그램의 진행자로 성장하며 특유의 제스처와 표정으로 무대를 압도하고 안방극장을 점령해 나갔다.

씨름선수로 성장하면서 자연스럽게 몸에 밴 승부 근성, 목표 지향성, 성실성 등을 고스란히 연예계로 옮겨와 성공을 거둔 것이다. 그는 카리스마와 에너지의 리액션을 구사한다. 프로그램의 게스트가 됐든 함께 진행을 이끌어가는 동료가 됐든 알게 모르게 기선을 제압하려는 느낌을 풍긴다. 성장기 시절 씨름판에서 뼛속 깊이 박힌 승부 근성 탓이다. 주위의 평판에 휘둘리지 않고 뚝심 있게 자신의 길을 걸어간다. 이 역시 모래판에서 익힌 습성이다. 천하장사를 해본 사람의 자랑스러운 이력이다.

## 단점을 장점으로, 역전의 리액션

1980년대 최고의 코미디언으로 인기를 누렸던 이주일 씨는 "얼굴이 못생겨서 죄송합니다"라는 유행어를 남겼다. 코미디언이라고 하면 으레 그렇게 생겼나 보다 했지 특별히 나쁘다거나 불편하다고 생각하는 사람은 없었다. 그런데도 자기 스스로 못생겨서 죄송하다고 하니 사람들은 우습다며 배꼽을 쥐었다. 요즘도 개그맨이라고 하면 웃기게 생겼다는 이미지가 강하다. 웃기게 생겼다는 것은 웃음을 만들어야 하는 개그맨에게 엄청난 혜택이 아닐 수 없다. 그러나 당사자에게는 미안하지만 웃기게 생겼다는 것은 못생겼다는 뜻이기도 하다. 장

동건, 고소영 씨 같은 미남 미녀에게는 절대 웃기게 생겼다는 표현을 하지 않는다.

그럼에도 불구하고 아직까지도 많은 개그맨들이 잘생기지 않은 얼굴이나 몸매를 개그 소재로 삼아 재미를 보기도 한다. '웃음거리로 만든다'는 말이 결코 좋은 의미는 아니지만, 이들은 자신의 얼굴과 신체를 웃음거리로 만드는 데 주저하지 않는다.

결코 잘생기지 않은 '마빡이' 정종철 씨는 "얼굴도 못생긴 것들이 잘난척하기는~"이라는 유행어로 사람들을 웃겼다. 여자 개그맨 중에서도 '모태 솔로' 오나미 씨는 대놓고 자신의 얼굴을 웃음거리로 만든다. 여성에게 몸무게를 물어보면 실례라는 통념을 깨고 자신의 몸무게를 TV에서 공개하고 살빼기 프로젝트를 감행하는 연예인들도 있다. 하지만 이들에게 못생긴 얼굴과 잘 빠지지 않은 몸매는 결코 부끄러운 것이 아니다. 남들의 시선에서 단점이라고 여기는 것들을 '그래. 어쩔래?' 하고 도리어 먼저 수긍해 버린다. 뚱뚱한 사람이 "나 뚱뚱하다" 하면서 "마음만은 홀쭉하다"고 말하고, 키 작은 사람은 키 높이 깔창을 꺼내 보여준다. 튼실하지 못한 체력으로 '국민 약골'이란 별명을 얻은 이윤석 씨, 실력 있는 뮤지션에서 졸지에 '국민 할매'가 돼버린 김태원 씨의 경우도 마찬가지다.

이렇게 되면 웃긴 얼굴과 우스꽝스러운 몸매는 더 이상 비웃을 수 없게 된다. 다른 사람의 관점에서는 분명 단점이었던 것이 누구도 흉내낼 수 없는 그들만의 탁월한 장점으로 거듭났기 때문이다. 못생긴 얼굴과 몸매는 고유한 개성일 뿐이다. 자신의 약점이나 단점을 강점과 개성으로 만들어버리는 이들이야말로 리액션의 달인, 역전의 명수들이다.

## / 역사 속 인물에게 배운다

### 대원군과 김병기, 굴욕을 견디다

조선 26대 임금인 고종의 아버지 흥선대원군. 그는 인조의 혈통을 이어받은 왕족이었으나 왕실의 직계 적통은 아니었다. 어릴 적 부모를 여의고 어렵게 살았으나 총명하여 학식이 깊었고 그림을 잘 그렸다. 특히 난을 잘 그려 그의 호 석파石坡를 딴 석파란石坡蘭은 매우 유명했다. 노래도 수준급이었다.

그래도 살림은 쪼들리고 생활은 고달팠다. 왕릉을 돌보는 일도 했고 미관말직을 전전하기도 했다. 낮술에 취해 자빠져 있기도 했고 노름판을 기웃거리기도 했다. 얻어먹을 수 있는 곳이라면 잔칫집, 상갓집을 가리지 않았다. 사람들은 그를 상갓집 개라며 쓰레기 취급했다. 그러나 그는 허허실실虛虛實實, 겉으로는 천덕꾸러기였지만 속으로는 옹골찬 야심을 키워가고 있었다. 후손이 없는 철종이 죽는 순간 자신의 아들을 왕위에 올린 것이다. 쥐도 새도 모르게 손을 봐둔 덕에 과연 산과 들로 뛰어다니던 아들 개똥이 왕이 되었다.

당시 세상은 안동 김 씨 손아귀에 놀아나고 있었다. 안동 김 씨 일문이 순조, 헌종, 철종을 거치는 60여 년간 나랏일을 주물럭거리며 행세했던 것이다. 대원군은 그의 아들이 임금이 되기 전까지 갖은 수모를 겪었고, 그 중 대개는 안동 김 씨로부터 받은 것들이었다.

아들이 임금이 되고 세상이 뒤바뀐 어느 날, 대원군이 안동 김 씨 가문의 핵이라 할 수 있는 김병기의 집을 찾았다. 그는 철종 때 세 번이나 영의정에 올랐고 대원군에게 가장 많은 모욕을 안긴 인물이었다. 대원군이 일부러 그를 찾은 것은 수모를 갚기 위해서였다.

어색한 가운데 술자리가 펼쳐졌다. 산해진미가 가득한 상차림이었다. 그러나 김병기는 가시 방석에 앉은 듯 괴로웠고 대원군은 호기롭게 술잔을 비워나갔다. 그러다 돌연 대원군이 먹은 것을 다 토해내기 시작했다. 그리고 버럭 소리를 질렀다.

"네 이놈, 네가 날 죽이려고 음식에 독을 넣었구나!"

임금의 아버지를 죽이려 한 것이라면 목숨을 내놓아야 할 중한 죄다. 그러나 김병기도 만만찮은 인물이었다. 대원군을 부축해 끌어안으며 이렇게 말했다.

"대감, 그럴 리가 있습니까. 천부당만부당하신 말씀이십니다."

김병기는 그런 다음 방바닥에 넙죽 엎드렸다. 그리고 대원군이 토해 놓은 음식물을 핥아 먹기 시작했다. 그 모습은 흙바닥에 흩어진 밥을 먹는 개 같았다. 대원군의 머릿속에 지난 날 자신을 상갓집 개라 비웃던 김병기의 모습이 떠올랐다. 바닥의 음식을 깨끗이 먹어 치운 김병기가 입가를 닦으며 말했다.

"어떠십니까, 대감. 제가 이렇게 먹어도 아무 문제가 없지 않습니까?"

대원군은 김병기를 다시 보게 되었다. 대원군은 후에 안동 김 씨 일족에 대한 대대적인 숙청 작업을 벌이면서도 유독 김병기만은 살려 두었다. 벼슬을 내리고 등용하기까지 했다. 가히 배짱 있는 인물들 간의 비위 거슬리지만 참고할 만한 리액션이다.

대원군이 권세를 잡기 전까지 몸을 사려 때를 기다린 것도 여우같은 리액션이었고, 절체절명의 순간 굴욕을 견디며 바닥의 음식을 핥은 김병기의 행동도 흉내내기 어려운 리액션이다. 둘은 그렇게 탁구를 치는 것처럼 서로를 시험하고 또 받아 넘기며 승부를 겨룬 리액션의 고수들이었다. 결국 완전히 이긴 자도 없고 완전히 진 자도 없이 무승부로 끝을 맺었으니, 둘 다 이긴 윈윈 리액션이 된 셈이다.

## 이성계와 이방원, 그 아버지에 그 아들

조선 3대 임금 태종 이방원은 성격이 괄괄하고 야심이 컸다. 자신의 야욕을 위해 형제의 목숨도 주저 없이 앗아갔다. 여우의 꾀와 들개의 포악함을 동시에 지니고 있었다. 위선적이고 가식적인 면모도 스스럼없이 드러냈다. 그는 정몽주를 철퇴로 때려죽이고 고려조의 왕족이었던 왕 씨 일족을 모조리 잡아 죽였다. 굴복하지 않은 고려 신하들을 무자비하게 탄압하고 박해했다.

다섯째 아들로 태어난 방원은 이복동생인 세자 방석과 그의 형 방번, 그리고 자형 이제를 죽이고 둘째 형 방과로부터 왕위를 물려받았다.

이성계는 방원이 임금이 되는 것을 보고 환멸을 느껴 고향인 함흥으로 돌아가 세상과 인연을 끊으려 했다. 방원은 아버지를 외면할 수만은 없었다. 속마음이야 어찌 됐든 효자 소리를 듣고자 했던 것이다. 사람을 뽑아 아버지에게 보내면 아버지는 족족 목을 베어버렸다. 보내고 나니 감감 소식이 없는 것을 함흥차사咸興差使라 하는 것이 여기서 나온 말이다.

이성계는 노승 무학의 권유로 다시 한양으로 돌아오게 된다. 방원이 효자 소리 들을 절호의 기회라며 성 밖에 환영을 나간다. 환영문을 세우는데 대나무를 수백 개씩 엮어 기둥을 세우고 헝겊을 덮었다.

이성계가 당도해 아들 방원의 낯짝을 보니 온 몸에 열이 꽉 뻗쳐올랐다. 명궁名弓으로 소문난 이성계가 얼른 활을 뽑아 살을 날렸다. 방원이 얼른 대나무로 만든 환영문 뒤로 숨었고, 화살은 대나무 환영문에 박혀 분을 못 이긴 듯 부르르 몸을 떨었다. 방원이 환영문을 만든 것은 아버지가 활을 쏠 때를 대비해 방패로 삼고자 함이었다. 소나무가 아닌 대나무로 묶어 만든 것은 화살이 튀지 않고 나무 사이에 박혀 버리라고 그런 것이다.

궁궐에서 방원은 아버지를 환영하는 잔치를 벌였다. 마땅히 아들이 다가가 술을 권해 드려야 하나, 어쩐 일인지 방원은 아랫것을 시켜 대신 술잔을 올리게 했다. 이성계는 소맷자락에 감춰둔 철퇴를 꺼내 상 위로 던져 버렸다. 활로 허탕을 친 그는 소매 안에 철퇴를 숨겨 연회장에 간 것이었다. 술잔을 올리기 위해 방원이 다가오면 철퇴로 내려치려 했던 것이다. 하지만 방원이 미리 눈치채고 아예 다가가지 않았다. 아들을 향해 활시위를 당기고 철퇴를 숨긴 아버지. 여우처럼 미리 알고 피해 버리는 아들. 과연 그 아버지에 그 아들이다. 아버지는 결국 아들을 이기지 못했다.

방원이 아버지의 공격을 미리 알고 막아낼 수 있었던 것은 그의 심중을 누구보다 잘 알고 있었기 때문이다. 자신이 그렇듯 아버지 역시 욕망을 위해서라면 도덕이나 양심 따위는 헌신짝처럼 버릴 인물이고, 자신이 그렇게 했듯이 아들의 숨통을 끊으려 한다는 것을 알았던 것이다.

이처럼 사기꾼이 사기꾼의 마음을 안다. 사기꾼은 다른 사람을 늘 의심한다. 혹시 자신이 사기를 당하지 않을까 조심한다. 이방원도 혈육을 죽인 것처럼 아버지 역시 자신을 죽일 수 있다고 의심하고 경계했던 것이다.

이성계는 화병이 나 한양을 떠나 소요산에 행궁을 정하고 기생, 과부들과 어울려 지냈다. 하지만 결국 견디지 못하고 74세의 나이로 세상을 떠났다.

따지고 보면 이성계도 그리 억울하다고만 할 일도 아니었다. 그 역시 고려 장수로서 창, 칼을 거꾸로 들어 섬기던 왕을 죽이고 스스로 왕이 된 인물이었기 때문이다. 쿠데타로 정권을 잡은 인물로 도덕적으로 따지자면 떳떳한 구석이 없다.

아들 방원이 무자비하게 사람들을 죽이고 정권을 잡은 것이나 역성혁명으로 나라를 뒤엎고 왕이 된 이성계나 사실 맥락으로 보자면 하등 다를 게 없다. 비도적인 과정을 통해 리액션이 대물림 된 것이다. 이방원은 아버지 이성계가 죽자 머리를 풀어 헤친 채 가슴을 두드리고 몸부림을 치면서, 눈물 콧물이 범벅된 얼굴로 실성한 것처럼 목놓아 울었다고 한다. 그러나 그것은 효자 임금이라는 소리를 듣기 위한 위선이고 가식이었을 뿐 진심이 아니었다.

파리 때려잡듯 사람을 죽이고 임금의 자리를 빼앗은 것은 물론 아래위, 천함, 귀함을 가리지 않고 색을 밝혔던 방원이었다. 그런 그의 행동과 말은 바로 뻔뻔함 그 자체였다. 태종 이방원은 이처럼 몰염치와 뻔뻔함, 위선과 가식의 리액션을 구사한 인물이었다.

태조 이방원의 첫째 아들 양녕대군은 할아버지 이성계와 아버지의 모습을 못 마땅하게 여겼다. 그들의 잔인하면서도 위선적이고 가식적인 모습에 염증을 느꼈다. 그 때문에 우리 역사에서 유일하게 왕세자 자리를 내던지고 천하를 떠돌았던 인물이다.

양녕대군은 이성계와 이방원의 모습과 정반대의 캐릭터다. 그는 스스로 왕위를 이방원에게 내어준 정조를 흠모했다. 정조는 이성계의 둘째 아들이다. 정조는 이성계로부터 왕위를 물려받았으나 방원에게 자리를 내주고 초야에 묻혀 살았다. 그런 그를 양녕대군은 진심으로 존경하고 좋아했고 그 역시 같은 길을 걸었다.

과연 양녕대군이나 정조의 선택이 현명했느냐 하는 것은 다른 문제다. 이성계나 이방원처럼 도덕이나 양심 따위는 젖혀두고 자신의 욕망을 실현한 것이 옳은 것인지, 양녕대군과 정조처럼 주어진 자리를 스스로 내던지고 물러난 것이 옳은 것인지 판단하기는 쉽지 않다. 도덕이나 양심, 신뢰와 배려 같은 긍정적인 가치들을 기준으로 삼아 따지자면 양녕대군과 정조의 선택이 옳다. 하지만 현실은 늘 그러한 이상적인 가치들이 승리하거나 칭송받지 않는다는 데 문제가 있다.

〈삼국지〉에는 전쟁에서 이기는 법과 위기에서 빠져나오는 법, 사람을 속이고 설득하는 법 등이 무수히 등장한다. 많은 사람들이 거기서 지혜를 얻어야 한다고 목소리를 높인다. 경영 철학이 담겨 있다고 주장하는 사람도 있다. 하지만 〈삼국지〉에는 사람의 목숨을 길가의 돌멩이 정도로 여기는 것은 물론 배신과 눈속임, 시치미 떼기, 적반하장 등 부정적인 가치들도 엄청나게 등장한다. 그것들을 경영자나 정치인, 혹은 직장인들이 성공이나 출세를 위한 덕목으로 삼으라고 하고 실제로 그렇게 하는 이들도 많다.

사실 양녕대군이나 정조 같은 사람보다 이성계나 이방원 같은 이들이 출세하거나 성공하는 경우가 많다. 직장인들 중에서도 염치가 없고 얼굴이 두꺼운 사람들이 승진을 하고 결국 최후의 승자가 되는 경우가 많다. 정치인들은 말할 것도 없다.

자신이 어떤 길을 선택하고 어떤 가치와 덕목을 등대로 삼을지는 전적으로 스스로 판단할 문제다. 옳고 그름은 상대적이다.

## 상사의 마음을 헤아린 양수

위나라 왕 조조에게 두뇌가 명석한 신하 양수가 있었다. 조조는 양수를 아끼고 자랑스러워했다. 하지만 점차 꾀가 많은 자신의 속을 훤히 들여다보는 그가 부담스러워지기 시작했다.

한중 땅을 두고 유비와 일전을 벌이게 된 때였다. 조조의 군대가 날로 패하며 전세가 기울고 있었다. 조조는 곡기를 끊고 전세를 뒤집을 계책을 짜느라 고심했다. 며칠 간 굶은 끝에 평소 좋아하는 닭요리를 먹었다. 소박한 음식을 즐겨 먹었던 조조는 닭고기 요리를 좋아했다. 며칠 만에 먹는 음식인데다 그렇지 않아도 좋아하는 닭요리를 먹게 된 조조. 그런데 닭갈비를 먹으면서 문득 이런 생각이 들었다. 보기에는 먹음직스럽지만 막상 먹어보면 먹을 게 없는 게 바로 닭갈비 아닌가? 버리자니 아깝고 먹자니 귀찮고 계륵鷄肋인 것이다.

그때 부하 장수 하후돈이 그날 밤 경계 근무 암호명을 물어왔다. 조조는 무심코 계륵 즉, 닭갈비라 했다. 이를 두고 장수들 간에 입씨름이 벌어졌다. 닭갈비라는 암호명을 내린 까닭을 잘 몰랐던 것이다. 이때 양수가 결론을 내렸다. 조조가 계륵이란 암호명을 내린 것은 더 이상 한중 전투를 끌고갈 뜻이 없다는 의미이며, 그래서 병사들로 하여금 철군 준비를 하도록 하라는 것이었다.

마침 그날 밤 조조가 야간 순시를 나와 보니 과연 병사들이 철군 준비를 하고 있는 것이 아닌가. 조조가 연유를 알아보니 양수 탓이었다. 조조는 크게 화를 내며 양수를 불러 죄를 물었다.

그전에 이런 일도 있었다. 조조는 아무리 심복이라도 믿지 못했다. 심지어 자신이 잠든 사이에 누구도 가까이 오지 못하도록 했다. 자객을 두려워했던 것이다. 조조는 신하들에게 "몽유병이 있으니 혹 잠결에 사람을 죽일 수도 있다. 그러니 누구도 내가 잠든 사이 곁에 오는 일이 없도록 하라"고 말했다.

어느 날 조조가 낮잠을 자다가 일부러 침대에서 굴러 떨어졌다. 마침 옆을 지나던 신하 하나가 득달같이 달려가 조조를 부축했다. 그때 조조는 칼을 꺼내 신하의 목을 베고 말았다. 그리고 아무 일도 없었다는 듯 다시 침대로 가 누웠다. 한참 후에 잠을 깬 시늉을 한 조조는 죽은 신하를 끌어안고 통곡했다.

"내가 잠결에 이런 큰 실수를 저질렀구나!"

조조의 칼에 맞아 죽은 신하의 장례를 치르던 날, 양수는 이렇게 조문했다.

"안타깝고 원통하구나. 왕이 잠결에 그대를 죽인 게 아니라 그대가 꿈을 꾸다 꿈속에서 죽었구나."

조조는 그 말을 전해 듣고 쓴웃음을 지었다.

'양수 저놈이 내 속을 알고 있었구나.'

이렇듯 조조로서는 사사건건 자신의 속마음을 훤히 꿰뚫는 양수가 부담스럽고 두려운 존재로 변해가고 있었다. 그리고 조조는 마침 계륵의 암호명 사건을 핑계로 양수를 제거하기에 이른다.

## 겸손의 리액션, 진평

〈초한지〉의 주요 인물 중 하나가 한신이다. 그는 한漢나라 유방이 초나라 항우를 물리치고 천하를 얻는 데 큰 공을 세운 사람이다. 천하를 통일한 유방은 한신을 초왕楚王으로 봉했다. 하지만 불안했다. 한신이 자신에게 도전할 것을 염려했던 것이다.

마침 항우가 데리고 있던 장수 종리매가 옛 친구인 한신에게 몸을 의탁하고 있었다. 유방은 종리매를 미워했다. 싸움터에서 많이 당했기 때문이다. 그런 그가 초나라에 있다는 것을 알게 되자 유방은 종리매를 체포하라는 명령을 내렸다. 그러나 한신은 명을 거역했다. 옛 친구를 배반할 수 없었기 때문이다.

이에 유방은 진평의 책략에 따라 스스로 운몽에 행차하고 제후들을 초나라 서쪽 경계인 진나라에 모이게 했다. 한신은 자신은 아무런 잘못이 없다고 생각해 먼저 찾아가 뵈려고 했다. 그러자 꾀가 많은 가신이 한신에게 속삭였다.

"종리매의 목을 가지고 가면 천자가 매우 기뻐하실 것입니다."

한신은 옳다고 생각해 종리매에게 이 사실을 말했다. 종리매는 이렇게 말했다.

"유방이 초를 치지 못하는 것은 내가 있기 때문이네. 그런데 나를 죽여 유방에게 바친다면 자네도 당하고 말 것이네. 내가 잘못 보았네. 자네는 군주가 될 그릇은 아니군."

종리매는 스스로 목을 쳐 죽었다. 한신은 자결한 종리매의 머리를 유방에게 바쳤지만 유방은 한신을 포박했다. 화가 난 한신은 이렇게 말했다.

"토끼가 죽으면 토끼를 잡던 사냥개도 필요가 없어 주인에게 삶아 먹혀지고, 높이 나는 새가 다 잡히면 좋은 활도 광에 들어가며, 적국이 타파되면 모신도 망한다. 천하가 평정되었으니 나도 마땅히 팽당함이로다."

토사구팽兎死狗烹이라는 말은 이렇게 나온 것이다. 원래 춘추전국시대 월나라의 재상이었던 범려가 했던 말인데 월나라가 오나라를 멸망시키고 패권을 차지하게 된 이후, 월나라를 떠나면서 친구에게 남긴 것이다. 한신은 유방에게 죽음을 당하면서 이 말을 옮겼다.

한고조 유방이 천하를 얻을 때 그의 휘하에는 인재들이 많았다. 소하, 장량, 한신 등 한초삼걸漢初三傑 외에도 여섯 번의 교묘한 계책을 내놓았다는 육출기모六出奇謀의 주인공 진평이 대표적이다. 유방은 진평이 없었다면 몇 번을 죽었을지 모른다고 말했다. 공도 많이 세웠다. 그리하여 진평은 한나라 초기 곡역후曲逆侯에 봉해진 이후 문제 때에는 우승상, 나중에는 좌승상이 되는 등 승승장구했다.

유방은 천하를 얻은 후 공신들을 엄청 죽였다. 그러나 진평은 살아남아 여생을 행복하게 보냈다. 한신은 죽지는 않았으나 모든 걸 잃었다. 왜 그랬을까? 유방은 한신을 불신한 반면 진평은 신임했다. 진평은 공이 많았음에도 겸손했으나 한신은 그렇지 않았다. 한신은 왕족 출신이었다. 언제든지 자신에게 도전할 사람으로 보였다. 하지만 출신이 미천한 진평은 그렇지 않았다. 돈 욕심이 많았지만 눈감아 줄 만했다.

이처럼 아무리 공이 많고 능력이 출중한 부하라 하더라도 자신의 자리를 위협하거나 권위에 도전한다는 생각이 들면 경계할 수밖에 없다. 청출어람靑出於藍이라는 말이 있다. 쪽에서 뽑아낸 푸른 물감이 쪽보다 더 푸르다는 뜻으로, 제자가 스승보다 나음을 비유하는 말이다. 스승 입장에서 보면 이 말은 마냥 아름답지만은 않다. 당장 제자보다 못한 스승이 된다는 데 어느 누가 좋아할까. 물론 진심으로 제자의 특출함을 반기는 스승도 있겠지만 스승도 사람인지라 마음이 아주 편할 리 없다.

공자는 제자 안회에 대해 이렇게 말했다.

"하루 종일 있어도 듣기만 할 뿐 말을 하지 않는다. 때로는 바보처럼 보인다. 그러나 일상생활을 찬찬히 살펴보며 내가 말한 그대로 행한다. 안회는 참으로 총명하다."

이렇게 겸손한 제자여야 스승이 좋아한다. 직장에서는 말할 것도 없다. 부하가 상사의 능력을 앞지르고 자리마저 넘보게 된다면 이를 반가워할 상사는 없다.

부하 중에서 2인자나 서열이 비슷한 부하들은 특히 조심해야 한다. 설사 상사보다 출중한 능력을 갖고 있더라도 드러내고 자랑하지 말 것이며 잘난 척하지도 말아야 한다. 내가 더 잘 알고 더 잘할 수 있는 것이라도 때로는 잘 못하는 척, 잘 모르는 척할 필요가 있다. 그리하여 "아, 사장님 덕분에 알게 되었습니다", "상무님 덕분에 일이 잘 해결되었습니다!" 하고 속에 없는 말도 더러 필요할 때가 있는 것이다.

상사가 자신의 약점과 사생활에 대해 누구보다 잘 알고 있다고 생각하는 부하는 부담스러울 수밖에 없다. 부하가 약점과 사생활을 빌미로 자신을 공격하거나 궁지로 몰아넣을 수 있다고 의심하게 되는 것이다. 이런 부하는 아무리 쓸모가 있어도 언젠가 없애야 할 존재라고 생각한다. 때로는 상사 앞에서 눈 뜬 장님 시늉을 할 필요가 있다.

상사가 경계하고 두려워하는 부하가 되지 않도록 해야 한다. 적은 외부에 있는 것이 아니라 내부에 있는 법이다. 내가 어떻게 하느냐에 따라 상사가 적이 될 수도 있고 내 편이 될 수도 있다.

## 눈치 재치의 리액션, 란마루

새가 울지 않으면 죽여버린다. _오다 노부나가

새가 울지 않으면 울 때까지 기다린다. _도쿠가와 이에야스

새가 울지 않으면 새가 울도록 만든다. _도요토미 히데요시

일본에서 천하통일의 기틀을 마련한 세 영웅의 성격을 비유한 유명한 말이다. 울지 않는 새는 죽여버린다는 오다 노부나가는 성격이 급하고 과격하기 짝이 없는 인물이었다. 그런 그에게 꽃미남 시동侍童 즉, 옆에서 시중드는 아이가 있었다. 모리 란마루森蘭丸라는 인물이다. 노부나가가 엄청 총애했다는 사실과 함께 노부나가가 죽을 때 함께 목숨을 바친 충성스런 인물이라 하여, 노부나가와 모리 란마루는 늘 세트로 묶여 언급된다.

예전 일본 막부 시대 무사들이나 지배층 남성들 사이에서는 남색 즉, 남성을 성적 파트너로 삼아 재미를 보는 풍습이 공공연하게 퍼져 있었다. 눈썹을 밀어버리고 분칠을 한 미소년들이 옆에서 갖은 시중을 드는 한편 잠자리까지 함께했다. 심지어 여성들과의 잠자리는 천박하게 여길 정도로 상류층 남성들에게 미소년 시동은 일종의 신분 과시용이기도 했다.

란마루는 노부나가의 연애 상대이기도 하면서 경호원 역할까지 했

다. 요즘으로 치면 미녀 경호원이었던 셈이다. 란마루는 용모뿐 아니라 머리도 좋았던 것으로 알려져 있다. 오다 노부나가는 그야말로 재색을 두루 갖춘 란마루를 엄청나게 사랑했고 자신의 영지까지 줄 정도로 아낌없이 돌봐주었다.

노부나가는 불같은 성격 탓에 부하들에게 마음의 상처를 주기 일쑤였다. 심복이었던 미츠히데도 성을 쌓는 공사 현장에서 노부나가로부터 핀잔을 듣고 앙심을 품게 되었다. 결국 미츠히데는 반란을 일으켰고 노부나가는 그 바람에 분신자살을 하고 말았다. 이때 란마루는 노부나가의 아내 노히메와 함께 몸을 날려 반란군의 칼날을 막아냈다. 주군이 배신한 부하의 칼에 맞아 비참하게 죽지 않고 스스로 분신할 수 있도록 시간을 벌려 한 것이다.

란마루는 총명했고 꾀가 많았다. 자신이 모시는 사람의 심중을 헤아리고 비위를 맞추는 데에도 타고난 기질이 있었다. 그의 성격을 잘 보여주는 일화가 있다

란마루가 바구니에 귤을 가득 담아 옮기고 있었다. 이것을 본 노부나가가 말했다.

"그렇게 많이 쌓아 들면 위험해. 넘어지겠어!"

아니나 다를까 과연 란마루가 비틀거리더니 털썩 넘어지는 게 아닌가. 노부나가가 웃으며 말했다.

"거 봐라. 내가 넘어진다고 그랬지?"

며칠 후, 란마루가 노부나가의 부하에게 말했다.

"노부나가 님께서 넘어진다고 하셨는데 제가 넘어지지 않으면 노부나가 님께서 틀린 게 되잖아요. 그래서 일부러 넘어진 것입니다."

또 한번은 란마루가 회의에 참석하기 위해 노부나가의 큰 방으로 들어갔다. 노부나가가 말했다.

"저 쪽 미닫이가 열려 있구나. 닫고 오너라."

란마루가 가보니 미닫이는 닫혀 있었다. 그러나 란마루는 미닫이를 살짝 열었다가 소리가 '탁' 나도록 닫았다.

후에 노부나가가 말했다. "분명히 열려 있었지?"

란마루가 말했다. "아닙니다. 사실은 닫혀 있었습니다."

"네가 문 닫는 소리를 내지 않았느냐?"

"예, 노부나가 님께서 열려 있다고 하셨으므로 일부러 열어 모두에게 들리도록 소리나게 닫았습니다."

## 모욕을 극복하고 승리한 히데요시

오다 노부나가의 충신으로 잘 알려진 인물로는 도요토미 히데요시가 있다. 그는 임진왜란을 일으킨 장본인으로 오다 노부나가에게 원숭이라는 별명으로 불릴 정도로 원숭이처럼 재주가 많았다. 히데요시는 충성심도 강해서 노부나가가 죽었다는 소식을 듣고 말을 타 사흘 밤낮을 달려와 주군을 죽게 한 마츠히데의 목을 베고 원수를 갚는다. 란마루가 주군과 목숨을 버렸다면 히데요시는 살아서 주군의 원수를 갚은 것이다.

노부나가는 자신이 세상에서 가장 잘난 사람이라고 여겼다. 아무리 똑똑한 부하라도 자신에게 덤비는 꼴은 그냥 넘기지 못했다. 말도 함부로 했고 마구 때리기도 했다. 이런 노부나가가 히데요시를 생전에 원숭이라고 놀린 것은 실제로 히데요시가 정말 원숭이를 닮았기 때문이었다. 노부나가를 배신한 아케츠 마츠히데는 대머리여서 귤머리라고 놀렸다. 똑같이 놀림을 당하는데도 히데요시는 아무렇지도 않게 받아넘겼으나 마츠히데는 그렇지 못했다.

히데요시는 천민 출신이었다. 바늘 장수로 세상을 떠돌던 비루한 삶이었다. 생긴 것도 보잘것없었다. 그러나 야심만은 대단했다. 처음 도쿠가와 이에야스를 섬기려 했으나 그의 성격이 너무 느긋한 것이 마음에 들지 않아 마음을 바꾼다.

노부나가의 눈에 들기 위해 일부러 그의 관할 시장에서 장사꾼 노릇을 한 히데요시의 비범함을 알아본 노부나가는 결국 그를 데려다 쓴다. 하지만 처음부터 좋은 자리를 주지는 않았다. 말이나 돌보는 하찮은 일을 맡겼다. 히데요시는 추운 겨울날이면 노부나가의 짚신을 품었다. 자신의 체온으로 짚신을 따뜻하게 만들기 위해서였다. 성질 괄괄한 노부나가도 그의 충심에 마음이 눈 녹듯 스르르 녹아내렸다.

꾀많고 눈치 빠른 히데요시 역시 노부나가의 눈 밖에 날 짓은 결코 하지 않았다. 성질 급한 노부나가의 눈치를 살펴 절묘한 화술로 마음을 얻었고 갖은 전략을 짜내 신임을 받았다. 결국 승승장구하며 후에 노부나가의 뒤를 이어 영화를 누린다.

마츠히데 역시 히데요시 못지 않은 전략가였다. 총명하고 눈치가 빨랐다. 덕분에 승진도 빨랐다. 노부나가의 인정도 받아 히데요시와 앞서거니 뒤서거니 하며 출세가도를 달렸다.

하지만 마츠히데는 히데요시와 근본적으로 달랐다. 바로 모욕을 견디는 일이었다. 천민 출신인 히데요시는 주군의 놀림을 아무렇지도 않게 여겼다. 하지만 귀족 출신인 마츠히데는 달랐다. 별 뜻 없이 한마디 하는 말에도 상처받기 일쑤였다. 몸속에 귀족의 피가 들끓었던 것이다. 마츠히데는 노부나가로부터 귤머리라고 놀림을 당하는가 하면 여러 신하들 앞에서 무안을 당하거나 두들겨 맞기도 했다. 그것이 노부나가 스타일이었지만 마츠히데는 그럴 때마다 차곡차곡 원한을 쌓아나갔다.

결국 마츠히데는 반란을 일으며 노부나가를 죽음으로 몰고 가지만 그 역시 라이벌이자 동료인 히데요시의 칼에 맞아 비참한 최후를 맞는다. 모욕을 견디거나 대처하는 방식이 이렇게 운명을 갈라놓은 것이다.

한신과 마츠히데, 이 두 사람은 모두 귀족 출신으로 모욕을 견디지 못한 공통점을 안고 있다. 반면 진평과 히데요시는 천민 출신으로 모욕을 견디고 그것을 다루는 방법을 잘 알고 있었다. 모욕을 견디고 훗날을 기약할지, 당장의 굴욕을 참는 대신 모든 걸 포기해 버릴지 자신이 판단할 일이다.

무릎을 꿇고 목숨을 구걸하느니 서서 칼을 받겠다. 사나이답고 멋있는 행동이 아니라고 할 수 없다. 하지만 그것이 꼭 옳은 것인지 그 정답이 무엇인지는 알기 어렵다.

문제는 **리액션이다**

**초판 1쇄 발행** 2012년 6월 4일
**초판 2쇄 발행** 2012년 7월 19일

**지은이** 전경우
**펴낸이** 이범상
**펴낸곳** (주)비전비엔피·비전코리아

**기획 편집** 김시경 고은주 박월 노영지
**디자인** 최희민 김혜림
**영업** 한상철 한승훈
**관리** 박석형 이다정
**마케팅** 이재필 한호성 김희정

**주소** 121-894 서울특별시 마포구 잔다리로7길 12 (서교동)
**전화** 02)338-2411 | **팩스** 02)338-2413
**이메일** visioncorea@naver.com
**블로그** blog.naver.com/visioncorea

**등록번호** 제1-3018호

**ISBN** 978-89-6322-045-1 03320

이 도서의 국립중앙도서관 출판시도서목록(CIP)은 e-CIP홈페이지(http://www.nl.go.kr/ecip)와 국가자료공동목록시스템 (http://www.nl.go.kr/kolisnet)에서 이용하실 수 있습니다.(CIP제어번호: CIP 2012002354)